KATJA REIDER

Weltbeste
KLEINE
SCHWESTER

Juchuu, sturmfrei! Rosa ist überglücklich. Aber Moment – wissen Mama und Papa, dass Johanna eine Party plant? Und was Matti so treibt, wenn er bei seinem Freund übernachtet? Aber sie müssen sich keine Sorgen machen. Rosa mag zwar die kleinste der drei Geschwister sein, aber sie hat alles im Griff. Deswegen ist sie auch direkt zur Stelle, als sich eine Freundin von Johanna so gar nicht freundschaftlich verhält und als Matti mitten in der Nacht mit einem Sorgengesicht an ihrem Bett hockt. Denn egal, wie unterschiedlich die Geschwister sind – aufeinander verlassen können sie sich allemal.

Katja Reider, 1960 geboren, arbeitete in einer PR-Agentur und als Pressesprecherin, bevor sie das Schreiben für sich entdeckte. Sie lebt mit ihrer Familie in Hamburg und schreibt Kinderbücher für jedes Alter. Sie ist selbst eine kleine Schwester und weiß aus langjähriger Erfahrung: Die »Kleine« bleibt man ein Leben lang. Sie würde sich freuen, wenn sich viele kleine Schwestern in ihrer Geschichte wiedererkennen.

Hildegard Müller arbeitet als Autorin, Illustratorin und freischaffende Künstlerin in der Atelier- und Galeriegemeinschaft »SmitH-ART« in Mainz. Für ihre Bilderbücher wurde sie mehrfach ausgezeichnet. Als Jüngste von drei Geschwistern weiß Hildegard Müller, wie es sich anfühlt »die kleine Schwester« zu sein. Sie kann Rosas Erfahrungen uneingeschränkt bestätigen.

KATJA REIDER

Gestaltung und Illustration
Hildegard Müller

dtv

1. Auflage 2024
2024 dtv Verlagsgesellschaft mbH & Co. KG, München
Lizenzausgabe mit freundlicher Genehmigung der
Carl Hanser Verlag GmbH & Co. KG, München
© 2022 Carl Hanser Verlag GmbH & Co. KG, München
Umschlaggestaltung und -illustration: dtv nach einem
Entwurf von Hildegard Müller, Mainz
Druck und Bindung: CPI books GmbH, Leck
Printed in Germany · ISBN 978-3-423-62801-3

Für meine Tochter Liva und
alle anderen kleinen Schwestern.

in dem Rosa dir ihre Familie vorstellt und dabei fast sich selbst vergisst

»War ja so was von klar!«, sagt Johanna, wenn Mama zufällig MIR das Kuchenstück mit der meisten Schokolade drauf auf den Teller schiebt.

Dazu verdreht Johanna die Augen, wie sie das seit einiger Zeit ständig macht. Dann nicken sie und Matti sich vielsagend zu. Als würden meine beiden älteren Geschwister ihr Leben bei Wasser und Brot fristen wie Aschenbrödel (also bevor die Sache mit dem Schuh passiert), während ich – die ›Kleine‹ – den ganzen Tag mit Leckereien gefüttert werde. Dabei ist das total ungerecht und in Wirklichkeit genau andersherum: Als Jüngste hat man jede Menge Nachteile!

Falls du selber eine kleine Schwester bist, weißt du Bescheid: Das Ganze fängt damit an, dass man ständig die alten Sachen zugeschoben bekommt: »Wieso braucht sie neue Schlittschuhe? Meine sind noch wie neu!«, oder: »Probier mal Mattis Fahrrad, das hat jetzt genau die richtige Größe für dich!«

Und wenn ich dann sage, dass ich aber gern auch mal ein neues Rad hätte, und zwar in PRETTY PINK, gucken mich alle an, als wäre ich megaverwöhnt und persönlich für die weltweit wachsenden Müllberge verantwortlich. Dabei ist es Johanna, die zweimal die Woche lostrabt, um sich neue Shirts und peinliche gepolsterte BHs mit Leopardenmuster zu kaufen, die sie ganz hinten im Schrank versteckt. (Merke: Einer kleinen Schwester entgeht nichts!)

Und Matti, mein dreizehnjähriger Bruder, war zwar auf fast jeder ›Fridays for Future‹-Demo (freitags hat er Mathe … ich sehe da einen Zusammenhang), zeigt uns aber ständig Bilder von dem roten Ferrari, den er sich später mal auf jeden Fall ›holen‹ wird.

HALLO?

Mal überlegen, was müsst ihr noch wissen?

Klar: Ein paar Infos über unsere Eltern fehlen noch. Mama und Papa sind ganz in Ordnung.

Ach was, ehrlich gesagt sind sie richtig TOLL! Wenn das nur nicht so uncool klingen würde …
Egal. Da steh ich jetzt mal drüber.

Mama arbeitet in einer Buchhandlung und Papa in einer großen Versicherung. Er macht da irgendwas mit Zahlen. Keiner weiß genau, was. Nein, auch Mama nicht. Jedes Mal, wenn Papa uns irgendwas über seine Arbeit erzählt, greifen Matti und Johanna automatisch zu ihren Smartphones und versinken in einer Art Wachkoma. Und Mama setzt so einen Blick auf, dass ich genau weiß, jetzt schaltet sie auf Durchzug und schreibt innerlich die To-do-Liste für den nächsten Tag. Dann tut mir Papa immer ein bisschen leid. Weil, er kann ja nichts dafür, dass er nicht auch Buchhändler ist und irgendwas macht, das man versteht.

Manchmal finde ich es schade, dass ich meine Eltern immer teilen musste. Von Anfang an. Ich meine, Johanna hat Mama und Papa drei Jahre ganz für sich allein gehabt. Also bis Matti geboren wurde. Das ist doch voll ungerecht, oder? Und jetzt setzt Johanna immer gleich ihren herablassenden ›Das-Baby-mal-wieder‹-Blick auf, wenn ich mit Mama kuschele oder wenn ich Papa bitte, mir eine Geschichte vorzulesen, obwohl ich natürlich längst selber lesen kann. Dabei hat Johanna früher bestimmt auch total viel mit Mama und Papa gekuschelt.

Da fällt mir ein, dass ich mich selbst noch gar nicht vorgestellt habe:

Also, ich bin Rosa, zehn Jahre alt, und ich bin hier bloß die kleine Schwester. Aber das hast du dir sicher schon gedacht.

in dem du erfährst, was ein Erklärbär ist, und Mama überstimmt wird

»Hilfst du mir, ein paar Gurken und Tomaten zu schnippeln?«, fragt Mama.

Ich nicke und hole mir Brettchen, Messer und Gemüse aus dem Schrank.

Beim Abendessen sind wir meistens alle versammelt. Wenigstens EINE gemeinsame Mahlzeit am Tag, das ist Mama und Papa wichtig. Ich glaube, Johanna und Matti auch. Aber das würden sie nie zugeben, weil das irgendwie uncool ist. Dabei quasseln die beiden ununterbrochen, wenn wir alle zusammensitzen. Echt, wie auf Kommando!

Papa redet auch total gern. Und lange. Puh!

Manchmal wird es Mama zu viel, vor allem, wenn Papa auf eine einfache Frage (»Was ist eigentlich ein …?«) viel zu ausführlich antwortet und den ›Erklärbär‹ macht, wie sie das nennt. Irgendwann meinte Mama mal, die meisten Männer seien Erklärbären. Aber zum Glück wüsste sie, wie sie ihrem Exemplar einen Maulkorb verpasst. Und dann hat sie gelacht und Papa geküsst. Ich habe erst nicht kapiert, dass Mama mit ›Maulkorb‹ einen Kuss meinte. Und ich glaube, einen Moment lang wusste Papa nicht, ob er beleidigt sein soll oder nicht. Aber dann hat er auch gelacht und Mama zurückgeküsst. Woraufhin Matti und Johanna sich mal wieder angeguckt und die Augen verdreht haben.

Manchmal stellen die beiden sich echt an. Ich meine, wir können doch froh sein, dass unsere Eltern sich lieb haben, oder?

Wo war ich? Ach so: Eigentlich mag ich das Durcheinander bei uns zu Hause. Es ist nur so, dass ich quasi nie zu Wort komme. Im Grunde ist es ein Wunder, dass ich jemals sprechen gelernt habe!

Kaum mache ich den Mund auf, fällt mir einer ins Wort. Manchmal unterbricht Mama das Geschrei dann mit: »Jetzt lasst doch Rosa auch mal was sagen!« Woraufhin mich alle angucken und mir natürlich garantiert nicht mehr einfällt, was ich sagen wollte. Also reden sie ohne mich weiter.

Heute ergreift Papa gleich zu Beginn des Essens das Wort.

»Mama und ich wollten mit euch noch mal über das Familientreffen nächste Woche reden!«, sagt er.

Johannas Blick wird sofort misstrauisch, selbst Matti lässt kurz das Messer sinken.

Kein Wunder, Papa hat diesen betont lockeren Ton angeschlagen. So als sei ihm das Thema gerade gaaanz zufällig eingefallen. Dabei ist alles mit Mama abgesprochen. Ehrlich, davon lasse nicht mal ICH mich mehr täuschen!

»Hanna und ich haben doch schon gesagt, dass wir da nicht mitwollen«, mault Matti und nimmt sich eine weitere Scheibe Brot, um sie mit einem halben Kilo Käse zu belegen. Unglaublich, was mein Bruder verdrücken kann! Dabei ist er nur ein Strich in der Landschaft (das sagt Oma immer).

»Wir dachten halt, ihr überlegt es euch noch mal«, sagt Mama. »Eure Großtante hat sich wirklich wahnsinnig viel Mühe gegeben, selbst ganz entfernte Cousins und Cousinen ausfindig zu machen. Das sind alles Verwandte, von denen bisher keiner etwas geahnt hat.«

Johanna hebt die Augenbrauen. »Und warum sollen wir die dann kennenlernen?«, fragt sie. »Wenn wir fast gar nix mit denen zu tun haben?«

»Ach, ich glaube, das kann trotzdem spannend werden«, sagt Mama betont munter.

»Spannend?«, wiederholt Johanna leicht angeekelt. »Echt jetzt?«

Mama seufzt. »Himmel, Johanna! Nein, dieses Treffen wird wahrscheinlich keine heiße Party, bei der bis zum Morgengrauen die Post abgeht. Aber es kann durchaus interessant sein, Menschen kennenzulernen, mit denen wir über drei Ecken verwandt sind.«

»Wiescho sollten die intereschanter sein als andere?«, fragt Matti kauend.

Mama seufzt zum zweiten Mal. Dann legt sie die Hände in den Schoß und blickt Papa hilfesuchend an. »Also wir beide müssen da jedenfalls hin, oder?«

Das klingt ja nun auch nicht gerade so, als könnten sich Mama und Papa vor lauter Vorfreude kaum halten.

Papa zuckt die Achseln. »Na ja, mir wäre es

auch lieber gewesen, Christa hätte sich nach ihrer Pensionierung ein anderes Hobby gesucht, als unseren Familienstammbaum bis in die Steinzeit zurückzuverfolgen.«

Mama nickt trübe. Anscheinend haben es die beiden aufgegeben, uns dieses Verwandtentreffen als ›tolles Fest‹ verkaufen zu wollen.

»Also gut«, sagt Mama. »Ihr beiden Großen wollt nicht mit. Dann ist eben nur Rosa dabei.« Mama blickt mich erwartungsvoll an. »Vielleicht kaufen wir dir dafür ja noch ein hübsches neues Kleid?«

Also, das riecht ja jetzt ein bisschen nach Bestechung.

Was mich natürlich nicht stört. Und ich hätte auch gar nichts dagegen, ein Wochenende mit

Mama und Papa allein zu verbringen. (Auch wenn man bei so einem Familientreffen natürlich nicht so richtig ›allein‹ ist.) Aber vielleicht sind wir ja sogar in einem Hotel, wo man dreimal hintereinander ans Buffet gehen kann, um sich Pfannkuchen mit Extra-Schoko zu bestellen. Zum Frühstück!!

Doch plötzlich fällt mir etwas ein: »Wann ist das noch mal?«

»Samstag in einer Woche«, sagt Mama.

»Dann geht es nicht!« Ich schüttele energisch den Kopf. »Da ist Binis Geburtstag!«

»Ach je.« Mama seufzt. »Rosa, kannst du da nicht einmal fehlen? Ganz ausnahmsweise?«

FEHLEN?! Bei Binis GEBURTSTAG?! Wie stellt Mama sich das denn vor? Kommt gar nicht in die Tüte!

Bini ist meine zweitbeste Freundin. Obwohl wir nicht mal auf dieselbe Schule gehen und uns nicht so oft treffen, wie wir beide wollen, weil Bini immer ›Termine‹ hat, so was wie Kunstschule, Tanzen oder Yoga für Kinder.

»Ihr beide könntet doch nachfeiern, Spätzchen!«

Dieses Familientreffen scheint ja eine echt gruselige Veranstaltung zu sein, wenn Mama mich so dringend zur Verstärkung braucht.

»Mama, Binis Geburtstag ist eine Sleep-over-Party!«, erkläre ich. »Da MUSS ich dabei sein!«

»Versteh doch, Mama«, Johanna kichert. »Das ist ähnlich wichtig wie die Oscarverleihung!«

Ich strecke ihr die Zunge raus. Manchmal ist meine große Schwester richtig doof.

»Ach komm, Nina, dann lass Rosa eben auch zu Hause bleiben«, schaltet sich jetzt Papa ein. »Wir beide waren eine Ewigkeit nicht mehr allein unterwegs. Das wäre bestimmt auch mal wieder schön ...«

Warum grinst Papa denn plötzlich so komisch? Kapier ich nicht. Aber egal! Er ist auf meiner Seite, das zieht hoffentlich bei Mama.

»Ja, natürlich«, sagt sie. »Ich meine, natürlich wäre das schön, aber ...«

»Unsere drei sind inzwischen ziemlich groß«, meint Papa. »Wetten, die kriegen einen Tag und eine Nacht ohne uns problemlos hin? Was soll schon passieren?«

»Also da fällt mir so einiges ein.« Mama sieht meine Geschwister scharf an.

Johanna wirft entrüstet ihre langen Haare nach hinten. »Was soll das denn jetzt schon wieder heißen?«

»Also ich geh an dem Abend höchstens zu Philipp, um ein bisschen zu zocken«, sagt Matti.

»Und ich werde ja gar nicht hier sein, ich schlafe doch bei Bini«, erkläre ich. »Und wenn Binis Eltern mich am Sonntag nach Hause bringen, seid ihr bestimmt schon zurück.«

Mama zögert. Aber sie weiß, wann sie verloren hat. Resigniert lässt sie die Arme sinken und nickt langsam. »Also gut, meinetwegen, dann bleibt ihr eben alle drei hier, und Papa und ich fahren allein zu dem Treffen.«

in dem es um Helikoptereltern geht und ein Kinogutschein für Empörung sorgt

Eigentlich wollte ich Mama noch fragen, ob das Angebot mit dem neuen Kleid auch gilt, wenn ich NICHT mit zu dem Familientreffen fahre, sondern ›nur‹ zu Binis Geburtstag gehe.

Binis andere Freundinnen sind nämlich immer alle super schick. Manche haben richtige GEBURTSTAGSKLEIDER in Farben wie himmelblau, buttercremeweiß oder pfefferminzgrün, mit kleinen aufgenähten Blumen und weiten wippenden Röcken. Ich habe keine Ahnung, in welchem fernen Märchenland es solche Kleider zu kaufen gibt. Aber jedenfalls nicht in den Läden, in die Mama mich zum Shoppen schleppt.

Unter uns: Ich glaube, Binis Eltern sind ziemlich reich. Zumindest hat Bini ein megagroßes Zimmer mit jeder Menge Sachen drin.

Aber letztens hat Bini gemeint, dass sie die Hälfte von all dem Zeug gegen Geschwister eintauschen würde.

Ich dachte zuerst, Bini macht Spaß. Aber dann hat sie es mir erklärt: »Du kannst dir nicht vorstellen, wie nervig es ist, wenn deine Eltern dauernd um dich herumtanzen! Sie sind immer in der Überzahl! Und Mama macht sich STÄNDIG Sorgen um mich.« Bini hatte die Stimme gesenkt und sah mich eindringlich an. »Verrate es bitte keinem, aber allein letzte Woche hat Mama zweimal Frau Tüpfel angerufen!«

Frau Tüpfel ist Binis Klassenlehrerin.

Oh Schreck! »Echt? Aber warum?«

»Ach, keine Ahnung!« Bini zuckte die Achseln. »Ich glaube, beim ersten Mal hat sie angerufen, weil wir Mamas Meinung nach zu viele Hausaufgaben aufhatten. Und dann, weil Frau Tüpfel mich neben Pablo gesetzt hat.«

Von Pablo hat Bini schon öfter erzählt. Er ist so eine Art Klassenclown, kann keine zwei Mi-

nuten still sitzen und fällt etwa dreimal pro Tag vor Lachen vom Stuhl.

»Es war so PEINLICH, Rosa!«, hauchte Bini. »Kürzlich habe ich gehört, wie Frau Tüpfel zu unserem neuen Sportlehrer gesagt hat, dass meine Eltern echte ›Helikoptereltern‹ sind!«

»Das finde ich aber ziemlich gemein von eurer Frau Tüpfel!«, sagte ich empört. »Ich meine, Helikoptereltern – das sind doch diese Durchgeknallten, die Pausenbrote in kleine Häppchen schneiden, mit Gemüse Gesichter legen und ihr Kind morgens mit so einer Riesenschüssel von Auto zur Schule fahren!«

Daraufhin machte Bini große Augen. Dann griff sie wortlos in ihren Ranzen und klappte ihre Brotdose auf:

Vollkornbrot-Happen, Radieschen in Rosenform und eine Gurke mit Gesicht.

»Und jetzt darfst du raten, wie ich jeden Morgen zur Schule komme ...«

So bekam ich eine Ahnung davon, warum mich Bini um Matti und Johanna beneidet.

Das Familientreffen und Binis Geburtstag – mitsamt der Sleep-over-Party – rücken langsam näher. (Findest du nicht auch, dass Sleep-over-Party VIEL cooler klingt als ›Übernachtungsparty‹?)

Mama hat es natürlich nicht mehr geschafft, mit mir ein neues Kleid kaufen zu gehen. Obwohl es eigentlich geplant war. Aber ich glaube, Mama hatte zu viel damit zu tun, sich auszumalen, was zu Hause während ihrer Abwesenheit alles schiefgehen könnte, und sich Lösungen für alle möglichen Notfälle zu überlegen. Natürlich hat Mama auch mit Binis Mutter telefoniert. Zum Glück hat Binis Mama meiner Mama versprochen, mich wie ihren Augapfel, also wie ihre eigene Tochter, zu hüten. (Was mir ein bisschen Angst gemacht hat, ehrlich gesagt.) Mama müsse sich wirklich gaaaar keine Sorgen machen.

Und heute ist es so weit: Mama und Papa haben ihre Reisetasche gepackt, und während Papa sie ins Auto hievt (die Tasche, nicht Mama), prasseln allerletzte Anweisungen auf uns nieder:

»Passt auf, dass ihr die Haustür immer richtig zumacht!« (Wie, bitteschön, kann man eine Tür ›falsch‹ zumachen?)

»Falls ihr den Hausschlüssel drinnen vergessen solltet, haben die Nachbarn einen Ersatz! Wenn der Schlüssel von innen steckt, müsst ihr den Schlüsseldienst anrufen. Die Nummer vom Notarzt habe ich euch für alle Fälle auf den Küchentisch gelegt! Und die von Yvonne auch.« (Yvonne ist Mamas älteste Freundin und meine Patentante. Sie hat selbst keine Kinder, und ich glaube: Wenn ich tatsächlich auf die Idee käme, Yvonne anzurufen, würde sie erst mal panisch im Internet nach einer Gebrauchsanweisung für mich suchen oder das Jugendamt zu Hilfe rufen.)

»Und wenn sonst etwas ist«, schließt Mama, »egal was, wir haben unsere Handys ständig …«

»MAMA bitte!« Johanna hält sich demonstrativ die Ohren zu. »Ihr seid eine Nacht weg, nicht ein Jahr!«

Ehrlich gesagt fühlt es sich aber ein klitzekleines bisschen so an.

Als Matti und Johanna nicht hinsehen, kuschele ich mich blitzschnell noch mal in Mamas Arm und presse meine Nase in ihre Halsbeuge. Dahin, wo Mama besonders gut nach Mama duftet.

»Mach's gut, meine Kleine! Ich wünsch dir ganz viel Spaß bei Bini!« Mama drückt mir ein Küsschen auf die Wange. »Morgen sind wir ja schon wieder da!« Es klingt, als müsste sie sich selber trösten. Ich merke es. Und sie merkt es auch.

Unter uns: Ich glaube, so ganz weit weg ist Mama von diesem Helikopterdings auch nicht. Aber irgendwie mag ich das auch, jedenfalls manchmal.

Mama seufzt und steigt ins Auto. Die Tür klappt zu, Papa hupt einmal kurz. Ein letztes Winken aus dem Autofenster, und dann sind sie weg.

Johanna atmet auf. »Na endlich! Puh …« Sie dreht sich um und läuft mit großen Schritten zurück ins Haus. Matti und ich trotten hinter ihr her.

Wie still es plötzlich ist! Und das Wohnzimmer fühlt sich seltsam leer an. Dabei sind wir drei natürlich sonst auch öfter mal allein zu Hause. Wenn Mama und Papa arbeiten, Freunde treffen oder was zu erledigen haben. Aber das heute ist anders.

Johanna stürzt zum Esstisch, auf dem sich noch unser Frühstücksgeschirr stapelt, und wühlt sich durch einen Papierstapel. Schließlich zieht sie triumphierend eine Karte hervor. »Mein Kinogutschein! Ich dachte schon, Mama hat ihn vergessen.«

Ich linse über ihre Schulter. »Wofür ist der denn?«

Johanna grinst. »Dafür, dass ich dich«, sie malt mit den Fingern unsichtbare Anführungszeichen in die Luft, »ein bisschen im Auge behalte. Na ja, ich soll dich nachher zu Bini bringen und so.«

WAS?! Ich fasse es nicht!

»Heißt das, Mama und Papa BEZAHLEN dich als Babysitter für mich?«, frage ich empört.

Johanna zuckt die Achseln. »Klar, warum nicht?«

»Das finde ich jetzt aber auch voll bescheuert«, grummelt Matti.

Ich werfe ihm einen dankbaren Blick zu. Schön, dass mein Bruder auf meiner Seite ist! Das tut gut. Ich nehme mir vor, Matti demnächst beim Aufräumen seines Zimmers zu helfen. Das kann er nämlich nicht ausstehen.

»Ich meine, wieso habe ICH nicht auch einen Kinogutschein bekommen?«, fragt Matti jetzt entrüstet. »Ich kümmere mich doch auch um sie!«

Okay, das mit dem Zimmeraufräumen hat sich erledigt.

Also ehrlich: Ich bin doch kein Meerschweinchen oder ein verloren gegangenes Kätzchen, um das man sich KÜMMERN muss!

»Ich brauche keine doofen Babysitter! Und euch schon gar nicht!«, brülle ich und stapfe in mein Zimmer.

Am liebsten würde ich Bini anrufen, um ihr haarklein zu erzählen, wie ich hier behandelt werde, wenn Mama und Papa weg sind. Aber

Bini hat ja heute Geburtstag. Da hat sie bestimmt keine Lust, mit mir über meine nervigen Geschwister zu reden. Außerdem sehen Bini und ich uns ja heute Nachmittag. Bis dahin muss ich noch ein bisschen Zeit rumkriegen.

Ich greife nach Motte, meiner geliebten Kuschelgiraffe, und wir rollen uns auf dem Bett zusammen. Motte und ich, wir kennen uns schon seit meiner Geburt. Da hat Oma sie mir nämlich geschenkt. Natürlich sieht sie jetzt nicht mehr ganz so frisch aus wie auf den Fotos von damals (also Motte, nicht Oma), aber das macht nichts. Motte bleibt Motte.

Als wir in der Schule über unsere Lieblingstiere gesprochen haben, sagten die meisten ›Pinguin‹ oder ›Delfin‹, die Mädchen fast alle ›Pferd‹ oder ›Hund‹, wenn sie einen zu Hause hatten. Amelie hat natürlich ›Hamster‹ gesagt (dazu später mehr). Ich war die einzige, die ›Giraffe‹ als Lieblingstier nannte. Ehrlich, ich liebe Giraffen! Nicht nur wegen Motte, sondern weil Giraffen so schön sanft und groß sind. Die haben immer den Überblick, außerdem fressen sie keine anderen Tiere, sondern Grünzeug. Das habe ich mir für später auch vorgenommen. Also Vegetarierin zu werden. Im Moment esse ich leider noch so schrecklich gerne Spaghetti Bolognese.

Wie es Matti und Johanna wohl jetzt geht? Wer weiß, vielleicht haben die beiden ja schon ein schlechtes Gewissen, weil sie so gemein zu mir waren und sich meine ›Betreuung‹ mit Kinogutscheinen bezahlen lassen!

Gestern habe ich in Johannas Zimmer einen Schokoriegel von meiner Lieblingssorte liegen sehen. Wenn sie bereit wäre, den rauszurücken, würde ich ihr möglicherweise verzeihen.

Mal horchen: Haben sich Matti und Johanna auch in ihre Zimmer verzogen? Auf Zehenspitzen schleiche ich zur Tür, öffne sie einen Spalt und horche. Kein Mucks zu hören! Aus Mattis Zimmer tönt nicht mal die laute nervige Musik, von der Opa immer behauptet, sie würde Jugendliche auf eine steile Karriere als Rocker (was immer das ist) oder Drogendealer vorbereiten. Vermutlich hat Matti seine Kopfhörer auf.

Habe ich da eben etwa die Haustür ins Schloss fallen hören? Matti und Johanna werden doch nicht …? Ich stürze zum Fenster. Tatsächlich: Meine großen Geschwister hauen ab und lassen mich hier mutterseelenallein zurück! Ganz schön gemein! Von wegen ›im Auge behalten‹. Na wartet!

in dem ein Anrufbeantworter ignoriert
und ein Hausbrand verhindert wird

Als ich es mir gerade wieder mit Motte auf dem
Bett gemütlich gemacht habe und überlege, wie
ich mich rächen könnte, klingelt unten das Telefon.

Das ist bestimmt Tante Christa, die wissen
will, ob Mama und Papa schon losgefahren sind.
Nee, da gehe ich jetzt lieber nicht dran! Dann
muss ich ihr nämlich erklären, warum Johanna,
Matti und ich ›leider‹ nicht mitkommen konn-
ten zu dieser tollen Familiensause. (Mama hat
sich irgendeine echt gute Ausrede für uns ein-
fallen lassen, aber ich habe vergessen, welche.

Daher könnte ich mich bei einem Telefonat mit Tante Christa leicht verplappern.) Außerdem: Wofür haben wir den Anrufbeantworter?

Ich setze mich auf. Plötzlich weiß ich, wie ich die Zeit bis zu Binis Party nutze: Kürzlich hat mir Johanna auf ihrem Smartphone gezeigt, wie man Karamellbonbons selber machen kann. Das ist total leicht! Man muss einfach nur jede Menge Zucker mit etwas Wasser in der heißen Pfanne auflösen, die flüssige Masse auf einen Teller kippen, fest werden lassen und fertig. In dem Video sah das so lecker aus! Mit den Karamellbonbons hätte ich ein supertolles persönliches Mitbringsel für Bini. Also neben meinem eigentlichen Geschenk, das auch schon supertoll ist! Ich bin ganz begeistert von meiner Idee.

Das Rezept für die Karamellbonbons hatte eine dieser tausend Influencerinnen hochgeladen, denen Johanna folgt. Wobei ich nicht glaube, dass diese Mädels JEMALS auch nur ein Gramm Zucker essen, geschweige denn KARAMELL. Die filmen sich nur damit, knabbern dann ein Salatblatt und üben den Rest des Tages Schmollmund vor dem Spiegel oder kleben sich falsche Wimpern auf, die aussehen wie tote Käfer. Also für mich wäre das nichts!

Johanna behauptet, dass sie diese Art Fotos auf Instagram auch albern findet. Aber dann habe ich sie und ihre Freundin Shari erwischt, wie sie sich gegenseitig fotografiert haben. Und zwar genau so! Mit Schmollmund und herausgestrecktem Popo. Das sah vielleicht albern aus! Ich hab sooo gelacht!

Jedenfalls bis mich die beiden entdeckt haben.

In der Küche steht immer noch das Frühstücksgeschirr. Aber ich sehe gar nicht ein, dass ich das alles allein wegräume. Ich habe Besseres zu tun! Ich koche jetzt Karamell, jawoll! Matti und Johanna werden staunen und darum BETTELN, dass ich ihnen was abgebe!

Das Rezept habe ich noch im Kopf: Also, ich brauche 200 Gramm Zucker, vier Esslöffel Wasser und eine Pfanne. EASY!! Die Pfanne ist schnell gefunden (ich nehme eine große, da geht mehr rein) und ich stelle die vordere Herdplatte an. Dann messe ich den Zucker ab. (Sicherheitshalber etwas mehr. So habe ich noch Karamell für morgen über. Man muss praktisch denken.)

Oh, die Pfanne ist ja schon heiß! Eilig gebe ich den Zucker hinein und etwas Wasser. Bloß nicht zu viel! Das zischt aber doll! Muss ich jetzt umrühren? Nee, soweit ich mich erinnere, muss ich jetzt einfach warten, bis sich der ›köstliche Duft‹ entfaltet (so hat die Influencerin das beschrieben). Hmm, das dauert aber ganz schön lange mit dem köstlichen Duft! Ich stelle die Hitze einfach etwas höher, damit es schneller geht. Geduld ist nicht so meine Stärke.

Mir läuft schon das Wasser im Mund zusammen … Ob das Karamell hart wird oder weich? Könnte man da nicht auch Milch dazu tun, oder Sahne oder klein gehackte Nüsse? Leckerschmecker!

Komisch, das riecht jetzt aber gar nicht köstlich, eher angebrannt. Vielleicht doch ein bisschen umrühren? Hektisch ziehe ich die Schublade auf. Wo ist denn dieser verdammte Holzlöffel? NICHTS findet man hier! Oje, jetzt dampft es richtig aus der Pfanne! Und was ist das für ein schrecklich lautes PIEPEN? Wo kommt das denn jetzt her? Ich ziehe die Pfanne vom Herd und beäuge das Karamell.

Das ist ja total schwarz! Der Dampf wird immer dichter oder ist das schon RAUCH? Und das grelle Piepen hört auch nicht auf! Auweia!

Plötzlich geht die Haustür auf. »Was ist denn hier los? Himmel, ROSA!«

Johanna reißt mir die Pfanne aus der Hand, wirft einen Blick hinein und rennt damit zur Spüle.

Hilfe! Johanna will mein Karamell ertränken! »NICHT!«

Zu spät: Schon prasselt kaltes Wasser in die Pfanne.

»Mach die Fenster auf!«, herrscht Johanna mich an. »Schnell! Dann geht der Rauchmelder von selber aus.«

Sie wedelt mit den Händen durch die Luft. Ich muss husten, mache aber, was Johanna sagt. Und tatsächlich hört das nervige Piepen nach

kurzer Zeit auf. Dafür klingelt schon wieder das Telefon, aber weder Johanna noch ich reagieren darauf. Wahrscheinlich sowieso nur ein Nachbar, der wissen will, ob er die Feuerwehr rufen soll. Das ignoriere ich jetzt mal. Der Rauchmelder ist ja auch schon wieder aus.

»Gott sei Dank!« Johanna sinkt auf einen Stuhl. »Mensch, Rosa, was sollte das denn werden?«

»Karamell!«, sage ich kleinlaut. »In diesem Video, das du mir gezeigt hast, sah das ganz einfach aus!«

»In diesen Videos sieht ALLES einfach aus«, schnaubt Johanna. »Sogar Krokodile dressieren!« Sie schüttelt den Kopf. »Echt, ich fass es nicht: Mama und Papa sind noch keine Stunde weg und du fackelst schon die Bude ab!«

Also das finde ich jetzt ein bisschen übertrieben.

Überhaupt: Es wird langsam Zeit, zu Bini aufzubrechen. Auch wenn Johanna der Meinung ist, dass ich erst mal die verklebte Pfanne sauber machen soll. Später bekäme man das Zeug nie wieder raus. Aber ehrlich: Da sehe ich sowieso schwarz. Im wahrsten Sinne des Wortes. Hoffentlich sind Mama und Papa nicht sauer wegen der Pfanne. Die Karamellmasse da drin sieht aus wie dieses glühende schwarze Zeug, mit dem Straßen asphaltiert werden: Teer! Genau, so heißt das!

Jedenfalls ist es ähnlich fest geworden. Daher habe ich beschlossen, die Pfanne erst mal gründlich einzuweichen. Kommt Zeit, kommt Rat.

Und vielleicht kommt ja sogar jemand anders auf die Idee, die Pfanne sauber zu machen, während ich weg bin ... hihi.

Meinen Übernachtungsrucksack mit frischer Wäsche, Schlafanzug und Waschzeug habe ich gestern schon zusammen mit Mama gepackt. Unter uns: Ich weiß immer noch nicht, ob ich nun Motte zu Bini mitnehmen soll oder nicht. Eigentlich bin ich ja schon zu alt, um bei einer coolen Sleep-over-Party mit einem Kuscheltier anzurücken, oder? Ich habe keine Lust, mich von Binis anderen Freundinnen als ›Baby‹ auslachen zu lassen. Das passiert mir zu Hause schon oft genug. Aber mit Motte im Arm fühlt sich woanders Schlafen gleich viel vertrauter an. (Du weißt, was ich meine, oder?) Allein ihr knuddeliger Müffelduft ... mhmm!

Am besten, ich packe Motte ganz unten in meinen Rucksack. Dann kann ich sie im Dunkeln heimlich rausziehen und morgen früh schnell wieder unbemerkt verschwinden lassen. Wer weiß, vielleicht bringen die anderen ja auch ihre Kuscheltiere mit, und alles ist ganz einfach.

Motte scheint mich vorwurfsvoll anzugucken, als ich ihren langen Giraffenhals verbiege, um sie in den Rucksack zu stopfen. Arme Motte! Jetzt habe ich ein schlechtes Gewissen. Nicht zu ändern, da müssen wir jetzt durch. Motte und ich. Allein zu Hause bleiben will sie bestimmt auch nicht.

»Rooosa! Bist du immer noch nicht fertig?«

Oje, Johanna wird schon ungeduldig. Ich werfe einen Blick auf die Uhr. Kein Grund zur Hektik. Aber wenn ich das jetzt sage, fängt Johanna bestimmt gleich wieder mit der blöden Pfanne an. Außerdem (Achtung: Tipp!): Es ist immer besser, bei Geburtstagsfeiern eine der Ersten zu sein!

Letzten Monat zum Beispiel, da war ich bei Esra aus meiner früheren Kita eingeladen. Weil Esras Familie inzwischen am anderen Ende der Stadt wohnt, hat Papa mich hingefahren. Aber wir sind mal wieder VIEL zu spät gekommen. Denn wie üblich hatte Papa Esras Adresse nicht in das Navi eingegeben und sich komplett verfahren. Papa mag keine Navis. Er meint, dass er selber die Stadt viel besser kennt und eine Art geborener Taxifahrer mit eingebautem Stadtplan ist. Aber das stimmt gar nicht. Papa verfährt sich ziemlich oft, und einmal hat Mama ihm sogar mit Scheidung gedroht, falls er nicht AUGENBLICKLICH das Navi anstellt, damit wir ENDLICH ans Ziel kommen und nicht weiter durch die Pampa irren. Ich glaube, das mit der Scheidung hat Mama nicht ganz ernst gemeint. Aber sicher bin ich mir nicht.

Äh, wo war ich? Ach so, ja: Also, Esras Feier war schon in vollem Gang, als wir ankamen. Ich musste dreimal klingeln, weil drinnen so ein Höllenlärm war. Und als endlich die Tür aufgerissen wurde, sah ich mich acht fremden Mädchen gegenüber, die mich neugierig beäugten, während eines quäkte: »Wer ist DIE denn?«

Zum Glück tauchte dann Esra auf, und ich wurde gnädigerweise reingelassen. Aber bald wäre ich am liebsten wieder umgekehrt, weil niemand mit mir geredet hat. Außer Esras Oma. Nach einer halben Stunde habe ich überlegt, ob ich Bauchschmerzen vortäuschen soll und mich von Papa direkt wieder abholen lasse. Alle anderen Mädchen schienen sich zu kennen und

überall hatten sich schon feste Grüppchen ge-
bildet.

Zum Glück ist Esra irgendwann aufgefallen,
dass ich dabei war, die Teppichfransen zu kleinen Zöpfen zu flechten. Vor lauter Langeweile!
Sie hat mich auf den Platz neben sich gezogen,
und dann wurde es doch noch ein lustiger
Nachmittag!

Die Gefahr, keinen zu kennen, besteht bei
Bini nicht. Sie lädt immer dieselben Mädchen
ein. Die meisten ihrer anderen Freundinnen
werden von ihren Eltern in Autos gebracht, mit
denen man problemlos Wüsten oder Hoch-
moore durchqueren könnte. (Du weißt schon:
diese Riesenwagen mit den großen Reifen.)
Wahrscheinlich werde ich wieder die Einzige
sein, die zu Fuß kommt. Aber das macht mir
nichts aus.

in dem Rosa sieht, wie jemand
grün im Gesicht wird

»ROOOSAAA!«

Johanna wird langsam echt sauer! Also ziehe ich schnell meinen Rucksack zu, schnappe mir meine Jacke und hetze die Treppe runter.

»Na endlich!« Johannas Finger trommeln ungeduldig auf die Tischplatte.

Eigentlich müsste ich noch mal ganz schnell aufs Klo. Aber wenn ich das jetzt sage, bringt Johanna mich um. Sie steht schon an der Tür, bereit, mich wie eine nervige Hühnerschar hinauszuscheuchen.

»Sollten wir nicht abschließen?«, erinnere ich an eine von Mamas zahlreichen Anweisungen.

Johanna tut so, als hätte sie mich nicht gehört. Himmel, hat die ein Tempo drauf! Ich habe Mühe, mit ihr Schritt zu halten. Kein Wunder, meine Beine sind etwa halb so lang wie die von Johanna. Na gut, das ist jetzt ein bisschen übertrieben. Aber nicht sehr.

»Jetzt warte doch mal!«, keuche ich.

Johanna reduziert ihr Tempo nur minimal. »Mensch, Rosa, ich habe heute auch noch was anderes zu tun, als dich zu diesem Geburtstag zu bringen!«

»Ja? Was denn?«, frage ich neugierig.

Obwohl sonnenklar ist, dass ich darauf sowieso keine vernünftige Antwort bekomme. Solche Fragen beantwortet Johanna nämlich grundsätzlich nicht. Ich finde diese andauernde Geheimnistuerei ja ziemlich albern. Als wenn Johannas Leben so wahnsinnig viel spannender wäre als meins! Aber es interessiert mich natürlich schon, was sie so Dringendes vorhat.

Eine Weile laufen wir stumm nebeneinander her, dann fällt mir etwas ein. Oh NEIN, das darf doch nicht wahr sein! Gleich wird Johanna mich WIRKLICH umbringen! Zögernd bleibe ich stehen.

»Du … äh … Johanna?«

»Was denn?«

Oje, schon dieser genervte Blick!

»Ich glaube«, druckse ich herum. »Na ja, ich habe Binis Geschenk vergessen. Es muss noch irgendwo im Wohnzimmer liegen. Da, wo Mama es gestern eingepackt hat.«

Johanna schüttelt ungläubig den Kopf. »Nee, oder?« Sie schnappt nach Luft. »Und was heißt bitte ›ich GLAUBE, ich habe es vergessen‹?«

»Na ja, ich HABE es liegen lassen«, gebe ich zu. »Aber nur, weil eben alles so hektisch war.«

»Jetzt bin ICH also auch noch schuld oder was?«, Johanna schnaubt. Sie überlegt einen Moment. »Und wenn du es Bini zu eurem nächsten Treffen mitbringst?«

WAS? »Hey, das ist ein GEBURTSTAGSGESCHENK! Das wäre ja wohl oberpeinlich!«

Außerdem habe ich eine Ewigkeit gebraucht, um Mama zu überreden, die pinkfarbenen Kopfhörer mit den lustigen Katzenohren für Bini zu kaufen! Mama fand die Dinger nämlich schrecklich. Aber ich weiß, dass Bini AUSFLIPPEN wird, wenn sie die Kopfhörer mit den Öhrchen auspackt! Ich muss sie mir unbedingt bald ausleihen. Aber vorher muss ich sie Bini natürlich erst mal SCHENKEN. Und zwar heute!

»Ich hole das Päckchen schnell, ja?«

Johanna schüttelt den Kopf. »Nein, ich hole es. Bei dir dauert das viel zu lange. Du wartest hier, klar? Rühr dich nicht vom Fleck!«

Himmel, gleich wird sie mir ein Halsband umlegen und mich am Gartenzaun festbinden. Bin ich etwa ein HUND? Johanna wirft mir einen scharfen Blick zu, dann dreht sie sich um und joggt los.

Ich muss sagen: Sooo schnell ist Johanna nun auch nicht. Bis sie endlich keuchend mit Binis Geschenk in der Hand angehetzt kommt, haben mich schon zwei ältere Damen angesprochen und besorgt gefragt, ob ich mich vielleicht verlaufen hätte. Wirklich nett!

Die eine hat mir sogar Bonbons angeboten (Karamell!).

Echt schade, dass wir nichts von Fremden annehmen dürfen.

»Hier!« Johanna reicht mir das Päckchen.

Mama hat die Kopfhörer wirklich superschön eingewickelt. Mit Schleife und Kärtchen.

»Danke! Und ... entschuldige noch mal!«

Johannas Antwort ist nur ein unverständliches Grunzen.

Boah! Sie stellt sich aber auch immer an!

Ich meine, manchmal geht Johanna doch sogar FREIWILLIG joggen. Jetzt habe ich ihr eben zu einer kleinen Sporteinheit zwischendurch verholfen. Wo ist da bitte der Unterschied? Na ja, lange muss ich Johannas Muffel-Laune ja nicht mehr ertragen. Gleich bin ich auf Binis Party! Juhu!

Jetzt bin ich diejenige, die vorausläuft. Vielleicht schaffe ich es ja doch noch, als Erste bei Bini zu sein. Na bitte, da vorn ist schon das Haus!

Eigentlich ist es eher eine Villa. Matti nennt Binis Zuhause immer ›die Protz-Hütte‹, und das stimmt schon irgendwie. Aber ehrlich gesagt würde ich unsere Endreihenhaus-Scheibe sofort gegen die ›Protz-Hütte‹ eintauschen. Und ich bin mir ziemlich sicher: Matti auch.

Am Gartentor stutze ich. Nanu, vor dem Eingang hängt ja gar keine riesige Happy-Birthday-Girlande wie sonst immer! Auch die übliche üppige Luftballondeko fehlt!

Seltsam. Haben wir uns etwa im Datum geirrt? Quatsch! Das kann nicht sein.

Energisch drücke ich auf die Klingel.

Nichts. Also noch mal.

Immer noch keine Reaktion.

»Lass mich mal!« Johanna schiebt mich zur Seite.

Echt, als ob ich keinen Klingelknopf drücken könnte!

Endlich sind drinnen Schritte zu hören, und die Tür wird einen Spalt geöffnet. Wie ein Vogel streckt Binis Mama ihren Kopf heraus

Ups, wieso hat sie einen Bademantel an? Und wie sieht sie überhaupt aus? Sonst ist Binis Mama immer total schick, wie frisch lackiert! Jetzt dagegen stehen ihr die blonden Haare zu Berge und ihre Gesichtsfarbe tendiert zu hellgrün. Ich dachte, so was gibt's nur in Zombiefilmen. (Nicht, dass ich die gucken würde … igitt!)

»Oje, Rosa!«, stöhnt Binis Mama. »Was machst du denn hier? Habt ihr unsere Nachricht etwa nicht bekommen?«

Johanna und ich wechseln einen Blick.

»Welche Nachricht?«, fragen wir wie aus einem Mund.

Binis Mutter wedelt mit den Armen. »Na, die auf eurem Anrufbeantworter! Ich habe doch vorhin draufgesprochen! Zweimal sogar! Die anderen Familien habe ich zum Glück alle direkt erreicht. Die Party muss leider ausfallen. Bini, Oliver und ich, wir sind alle drei krank.«

Sie presst ihre Hand auf den Bauch, verzieht das Gesicht und scheint ein Rülpsen zu unterdrücken. (Binis schicke Mama muss RÜLPSEN! Das bringe ich echt nicht zusammen.)

»Magen-Darm-Infekt!«, haucht sie. »Seit heute Morgen! Ihr wisst ja, wie schnell so was geht. Das wirft einen um.«

»Oh!« Ich weiche unwillkürlich einen Schritt zurück.

Dass Magen-Darm-Infekte total ansteckend sind, weiß sogar ich. Und jetzt wird mir einiges klar: Das Telefonklingeln vorhin war weder Tante Christa noch ein besorgter Nachbar, sondern Binis Mutter.

»Jetzt seid ihr ganz umsonst gekommen. Tut mir echt leid, Rosa!« Sie presst ihre Hand auf den Mund. Unwillkürlich mache ich noch einen Schritt rückwärts.

»Kommt ihr denn allein klar?« Binis Mama

lehnt sich Halt suchend an den Türrahmen. »Ich meine, weil eure Eltern doch nicht da sind. Kannst du vielleicht bei einer anderen Freundin schlafen, Rosa? Sonst kann ich noch versuchen, eure Mutter auf dem Handy …«

»Nein, nein, vielen Dank! Aber das ist echt nicht nötig!«, wehrt Johanna eilig ab. »Keine Sorge! Alles in Ordnung. Matti und ich sind ja auch noch da. Wir kümmern uns gern um Rosa. Nicht wahr, Rosa?« Sie schaut mich warnend an. »So, wir gehen dann mal … Tschühüs!« Bevor ich mich versehe, werde ich Richtung Gartentor geschoben. »Gute Besserung!«, ruft Johanna noch über die Schulter.

»Von mir auch! Und liebe Grüße an Bini!«, ergänze ich. Aber da ist die Tür schon wieder zugefallen. Oh Mann!

Kapitel 6

in dem Rosa eins
und eins zusammenzählt

Kaum stehen wir wieder auf der Straße, blitzt Johanna mich an. »Was war DAS denn? Warum bist du denn nicht ans Telefon gegangen, als sie angerufen hat?«

Ich hebe die Schultern. »Na ja, ich dachte, es ist Tante Christa … und dann hätte ich lügen müssen.«

Johanna seufzt.

»Außerdem hätte es ja nichts geändert«, verteidige ich mich. »Binis Party wäre ja so oder so ausgefallen! Manno, ich hatte mich so darauf gefreut!« Ich werfe Johanna einen Seitenblick zu.

Eigentlich wäre jetzt ein bisschen schwester-
licher Trost angebracht. Aber danach sieht es
nicht aus. Stattdessen scheint Johanna angestrengt zu überlegen.

»Okay, wo könntest du denn noch schlafen
heute?«

BITTE?!

Johanna stemmt die Hände in die Hüften.
»Na ja, du hattest dich doch so darauf gefreut,
bei einer Freundin zu übernachten, oder?! Also,
wer käme noch infrage?«

Hallo?! Ich wollte nicht bei IRGENDEINER
Freundin schlafen, sondern bei der Sleep-over-
Party von Bini. Das ist ja wohl ein himmelweiter
Unterschied!

»Was ist zum Beispiel mit Malin?«, drängt Johanna.

Malin wohnt im Nachbarhaus und ist so was
wie meine beste Freundin. Wir gehen sogar in
dieselbe Klasse. Das ist echt praktisch.

»Malin ist dieses Wochenende bei ihren
Großeltern«, erkläre ich. »Ihr Opa wird 70 oder
80 oder so. Jedenfalls irgendwie besonders alt.«

»Hmm … und Sophia?«

»Sophia?« Ich tippe mir an die Stirn. »Mit der
bin ich schon lange nicht mehr befreundet!« (Es
ist echt erschreckend: Johanna weiß wirklich

NICHTS über mich!!) »Weißt du, was sie letztens über mich gesagt hat? Als wir auf dem Klassenausflug waren und Frau Kluges gefragt hat…«

»Ja ja, schon kapiert, also Sophia nicht!«, unterbricht mich Johanna ungeduldig. »Bei wem ginge es denn noch? Jetzt denk doch mal selber nach, Rosa! Was ist denn mit Amelie?«

Amelie ist meine zweitbeste Freundin. Also neben Bini. Aber Bini hat ja so wenig Zeit, weil sie nach der Schule meistens zu diesen Kursen muss.

»Auf keinen Fall!« Ich schüttele energisch den Kopf. »In Amelies Zimmer riecht es immer total nach Hamster! Ehrlich! Sie lässt Sweetie und Sunny ganz oft aus dem Käfig, und dann pieseln sie überall hin. Und nachts machen sie einen Heidenlärm in ihrem komischen Laufrad. Da kann ich nicht schlafen!«

»Und wenn du Amelie bittest, den Käfig ausnahmsweise in den Flur zu stellen?«, schlägt Johanna vor.

Also echt, Johanna versteht wirklich GAR NICHTS!

Wenn ich Amelie bitte, ihre geliebten Hamster rauszustellen, denkt sie doch, dass ich was gegen Sweetie und Sunny habe. Dabei stimmt das gar nicht. Ich will nur nicht, dass die Hamster auf mein Bett Pipi machen, was ja eigentlich nicht zu viel verlangt ist, oder? Aber Amelie wäre TOTAL eingeschnappt! Und zwar für immer und ewig. Wer was gegen Amelies Hamster sagt, kann einpacken.

Ich sehe Johanna bittend an. »Warum muss ich eigentlich unbedingt woanders schlafen? Ich habe gar keine Lust mehr dazu. Können wir nicht einfach nach Hause gehen?« Ich presse die Beine zusammen. »Außerdem muss ich dringend aufs Klo!«

Johanna zögert. Ich sehe förmlich, wie es hinter ihrer Stirn arbeitet.

Und plötzlich ist mir alles klar. Es fällt mir wie Schuppen von den Augen. Wieso bin ich nicht gleich darauf gekommen? Ich hätte nur eins und eins zusammenzählen müssen.

»Du feierst heute Abend eine Party, stimmt's? Bei uns zu Hause! Und Mama und Papa wissen nichts davon. Deswegen willst du mich loswerden!«

Johanna presst die Lippen zusammen und überlegt. Aber schließlich nickt sie widerstrebend. »Ja, ich habe ein paar Leute aus meiner Stufe eingeladen, und noch ein paar andere. Keine große Sache.«

Klingt aber nach einer großen Sache.

»Kommen auch Jungs?«

Johanna verdreht die Augen. »Natürlich, du Zwergmaus! Sonst wäre es doch keine Party!«

Manchmal mag ich es, wenn Johanna mich ›Zwergmaus‹ nennt, aber gerade nicht.

»Ist Matti etwa auch dabei?«, frage ich eifersüchtig.

Wehe, wenn sie jetzt Ja sagt!

»Nein, natürlich nicht! Der ist doch auch noch ein Baby!«

Das ›auch‹ überhöre ich jetzt mal.

»Weiß Matti denn, was du heute Abend vorhast?«, erkundige ich mich.

»Ja«, gibt Johanna zu. »Aber er geht sowieso zum Zocken zu Philipp. Die Party ist ihm egal.«

»Und wieso hast du MIR nichts davon gesagt?«

Ich kann es nicht verhindern, dass meine Stimme verletzt klingt.

»Ach komm, Rosa«, Johanna schiebt ihre Hände in die Taschen. »Warum sollte ich? Ich dachte ja, du bist bei Bini!«

Ich schniefe. »Bin ich jetzt aber nicht! Und was nun?«

Johanna zuckt die Achseln und knibbelt an ihren Nägeln. »Keine Ahnung!«

Ich gebe mir einen Ruck.

»Von mir aus kannst du die Party trotzdem machen«, biete ich großzügig an. »Ich halte die Klappe, also gegenüber Mama und Papa. Und ich störe euch auch nicht!«

Johanna blickt mich zweifelnd an. »Echt?«

»Klar!« Ich nicke eifrig. »Ehrenwort!«

Sie scheint noch nicht ganz überzeugt. »Wahrscheinlich hätten Mama und Papa gar nichts dagegen, dass ich ein paar Leute einlade«, sagt Johanna. Es klingt eher, als müsste sie sich selbst überzeugen. »Nur nicht gerade, wenn sie weg sind …«

Und nichts davon wissen.

Und wir eigentlich alle mit zu dieser Familiensause fahren sollten.

»Ich sage nichts!«, bekräftige ich. »Ich kann dir sogar ein bisschen helfen. Also bei den Vorbereitungen. Das mache ich gern! Ehrlich!«

»Hmm …« Johanna wirkt nicht allzu begeistert. »Danke, aber das ist echt nicht nötig, Rosa. So viel gibt's gar nicht zu tun. Und Shari und Tessa kommen nachher auch, um zu helfen.«

Ha, so leicht lasse ich mich aber nicht abschütteln! Jetzt habe ich doch noch eine Chance auf eine Party. Zumindest auf einen kleinen Zipfel davon. Das lasse ich mir nicht entgehen.

Ich strahle Johanna an. »Dann sind wir eben zu viert. Ist doch prima!«

Sie wirft mir einen scharfen Blick zu. »Also guuut.«, sagt sie schließlich gedehnt. »Wenn du unbedingt willst!«

Oh ja, das will ich! Und wie!

Eine richtige Party! Das ist doch fast NOCH besser als ein Sleep-over! Findest du nicht auch?

in dem Rosa die Planung einer Party in die Hand nimmt

Zu Hause lasse ich meinen Rucksack auf den Boden fallen und renne schnell zur Toilette. Puh! Als ich zurückkomme, sitzt Johanna auf dem Küchentisch und tippt auf ihrem Smartphone herum.

Na, die hat ja Nerven! Haben wir nichts Wichtigeres zu tun? Ich meine, die Party bereitet sich schließlich nicht allein vor, oder?

Ich sehe meine Schwester erwartungsvoll an. »Also, was machen wir als Erstes? Hast du einen Plan?«

Hatte ich schon erwähnt, dass ich später Eventmanagerin werden will?

Falls du nicht weißt, was das ist: Eventmanager organisieren große Feste und Veranstaltungen, auf Messen und Ausstellungen und so. Das ist sooo cool! Noch lieber würde ich ja Hochzeitsplanerin werden. Aber Mama meint, den Beruf gäbe es vor allem in Hollywoodfilmen. Und da würde die Hochzeitsplanerin am Ende immer den Bräutigam heiraten. Die eigentliche Braut ist deswegen meistens nicht mal sauer, weil sie sowieso lieber was anderes machen wollte als heiraten, und am Ende sind die alte Braut und die neue Braut ›best friends forever‹ und alle wahnsinnig glücklich. Obwohl die Hochzeitsplanerin selbst ja gar kein Geld verdient hat. Aber das scheint nicht so wichtig zu sein.

Johanna hebt kaum den Blick. »Ich schreibe auf, was ich noch besorgen muss.«

Na, wenigstens guckt sie keine Schminktutorials oder chattet mit Shari.

»Das kann ICH doch machen!« Schwups, habe ich mir Papas Einkaufsblock von der Anrichte geholt und zücke den Stift. »Du diktierst! Ich schreibe.«

»Mensch, Rosa, jetzt nerv nicht!«

Ich nerve nicht, ich helfe! »Du hast versprochen, dass ich bei den Vorbereitungen dabei sein darf«, erinnere ich sie.

»Schon gut.« Johanna seufzt. »Also, meinetwegen, schreib auf: Erdnüsse, Flips, Kartoffelchips, ...«

»Au ja, die mit Sour Cream?«, frage ich dazwischen. »Bitte, bitte!«

Die sind nämlich echt megalecker! Mama und Papa kaufen ja leider immer nur die fettarmen Chips mit wenig Salz, weil in den anderen angeblich so viel Chemie drin ist. Nur, dass Chemie oft ziemlich lecker schmeckt.

»Wie schreibt man ›Sour Cream‹?«, frage ich.

»ROSA!«

»Schon gut! Ich schreib ja. Was brauchst du noch? Also, ich meine, was soll's denn eigentlich zu essen geben?«

Johanna guckt mich an, als sei ich nicht ganz richtig im Kopf. »Wie? Zu essen? Das ist doch kein Kindergeburtstag! Dachtest du, wir machen Backofenpommes und Gemüsenuggets in Bärchenform?«

Jetzt bin ich aber wirklich ein bisschen beleidigt. Erstens gab es an meinem Geburtstag noch NIE Gemüsenuggets in Bärchenform (höchstens Hähnchennuggets). Und zweitens achten

Johanna und Matti bei meinen Feiern immer darauf, dass für sie ja genug übrig bleibt. (Mama und Papa übrigens auch. Ehrlich, wer mag keine Pommes mit Ketchup?)

»Gibt es etwa nicht mal Schokoküsse?«, frage ich ungläubig.

Die LIEBT Johanna nämlich, das weiß ich ganz genau.

»Okay«, sagt sie gönnerhaft, »schreib sie meinetwegen mit auf die Liste.«

Eifrig kritzele ich vor mich hin. Also ehrlich, ohne meine Unterstützung wäre Johanna doch aufgeschmissen!

»Und vielleicht ein großes Stück Gouda, für Käsewürfel?«, schlage ich vor.

Also, wenn das nicht professionell ist!

Johanna überlegt. »Käse und Weintrauben wollte eigentlich Shari mitbringen. Aber wie ich sie kenne, denkt sie nicht dran. Schreib besser beides auf!«

Plötzlich fällt mir etwas ein. »Sag mal, wovon bezahlst du das alles eigentlich?«

Johanna weicht meinem Blick aus. »Äh … Mama hat uns etwas Geld dagelassen, für Pizza oder so.«

Schön, dass ich das auch mal erfahre!

Meine Schwester guckt angestrengt auf ihr

Smartphone. »Na ja, du wärst ja eigentlich gar nicht da gewesen, also heute Abend«, verteidigt sie sich errötend. »Und ich dachte, Matti isst sicher bei Philipp was.«

Hmm. Soso.

Wenigstens ist es ihr ein klein bisschen peinlich.

Ich schreibe schnell noch ›Popcornmais‹ auf die Liste. Popcorn mag ICH nämlich besonders gern. Wenn das Geld von Mama sowieso zu einem Drittel mir zugedacht war, ist das ja wohl das Mindeste.

»Und was gibt's zu trinken?«

Johanna zuckt die Achseln. »Ach, wir haben noch ein paar Flaschen Rhabarberschorle, ich besorge Cola und …«, sie zögert. »Die anderen bringen … äh … sicher auch ein bisschen was zu trinken mit.«

›Ein bisschen was‹ heißt natürlich Alkohol. Als wenn ich das nicht wüsste! Johanna muss mich wirklich nicht ständig wie ein Baby behandeln!

Bestimmt trinken sie dieses sprudelnde Zeug, das genauso heißt wie Amelies Uropa. Heinrich oder Horst? Ach nein, ›Hugo‹, genau!

Johanna steht auf. »Gut, ich geh dann mal einkaufen!«

Wie bitte? Ich komme natürlich mit!

Aber Johanna hat schon ihre Jacke an. »Nee, das mache ich wirklich lieber allein, Rosa! Du kannst mir nachher noch helfen, ja? Versprochen!« Sie deutet auf die Spüle. »Außerdem musst du ja noch die Pfanne sauber machen. Das dauert sicher eine Weile.«

Das ist jetzt ziemlich unfair. Aber bevor ich widersprechen kann, hat sich Johanna schon meine Einkaufsliste geschnappt und überfliegt sie rasch. Ich warte. Wenn sie jetzt eine Bemerkung darüber macht, was ich falsch geschrieben habe, werde ich sauer.

Aber Johanna ist schon an der Tür. »Bis gleich! Und lass diesmal bitte das Haus stehen!«

Schon ist sie draußen.

Manno!

in dem der Kinogutschein noch mal
eine Rolle spielt und Motte gebraucht wird

Vorsichtig nähere ich mich der Spüle, wo die Pfanne mit dem angebrannten Karamell im Wasser dümpelt.

Okay, darum werde ich mich gleich kümmern! Jetzt muss ich erst mal was essen. Nach dem Auskratzen der Pfanne bringe ich nämlich bestimmt keinen Bissen mehr runter. Würg!

Ich luge in die Brötchentüte vom Frühstück. Oh, da ist sogar noch eine Schrippe mit Körnern! Super!

Ich genehmige mir auf beiden Hälften fingerdick Nougatcreme, lasse mich auf die Couch sinken und zappe mich durch die TV-Program-me: Ich meine, wenn ich schon mal allein zu Hause bin, muss ich das doch ausnutzen, oder? Wenigstens ein bisschen!

Aber im Fernsehen gibt's nur öde Quiz-shows, ein albernes Promimagazin und eine merkwürdige Sendung mit einem kleinen Mann mit Riesenschnauzer (unter der Nase, nicht auf vier Pfoten), der alte Möbel begutach-tet.

Das macht keinen Spaß! Seufzend stelle ich den Fernseher wieder aus und genehmige mir einen letzten Löffel Nougatcreme.

Hilft nichts, jetzt ist wirklich die Pfanne dran! Ich muss ganz schön schrubben, bis sich das, was einmal Karamell werden sollte, löst. Während ich mit angeekelter Miene schwarze Zuckerbrocken aus dem Wasser angele, höre ich die Haustür klappen.

»Hä? Was machst DU denn noch hier?«

Matti sieht mich an, als hätte ich mich fre-cherweise in sein persönliches Geheimquartier eingezeckt.

Ach so, er hat Philipp im Schlepptau! Dann ist er oft etwas merkwürdig.

Die beiden fläzen sich aufs Sofa und legen die Füße auf den Couchtisch.

»Was geht?«, fragt Philipp.

War das jetzt eine Frage? An MICH?

Das kommt etwa so oft vor wie ein Meteoriteneinschlag. Egal. Da ich ausnahmsweise nicht wie Luft behandelt werde, erzähle ich rasch von der ausgefallenen Sleep-over-Party.

»Und deswegen schlafe ich heute Nacht doch hier«, schließe ich, nachdem ich das zombiegrüne Gesicht von Binis Mutter in aller Ausführlichkeit beschrieben habe.

»Krass«, macht Matti und zieht seine Kaugummis aus der Tasche.

Manchmal scheint er nicht mehr normal sprechen zu können, sondern nur noch in Satzfetzen. Kürzlich habe ich gehört, wie Mama zu Yvonne gesagt hat, dass Matti jetzt wirklich ›voll in der Pubertät‹ stecke. Dazu hat sie komisch mit den Augen gerollt. Und Yvonne hat genickt und Mama ganz mitleidig angeguckt, so als hätte Matti irgendeine schlimme Krankheit. Aber ehrlich, manchmal fühlt sich das tatsächlich so an.

Also wenn Pubertät immer so ist, dann möchte ich bitte lieber gleich erwachsen werden. Vielleicht lässt sich diese Phase ja irgendwie überspringen?

Dabei war es mit Matti früher echt schön!

Ständig hat er mir witzige Videos und neue Apps gezeigt, mit denen man Fotos total lustig verändern kann. In den Ferien haben wir Monopoly gespielt. Oder wir sind zusammen schwimmen gegangen und haben uns hinterher Pommes rotweiß geteilt.

Aber jetzt bin ich meistens einfach Luft für ihn ... also schlechte Luft!

Das nervt, und ehrlich gesagt: Manchmal tut es auch richtig weh! Ich meine, ich habe Matti doch nichts getan!

Mama sagt, ich solle deswegen nicht traurig sein, das würde irgendwann wieder besser. Aber bis dahin könne es noch einige Zeit dauern ...

Wenn Philipp dabei ist, verhält sich Matti besonders schräg. Philipp war der erste von Mattis Freunden, der ein Smartphone hatte, ein richtig teures sogar. Das hat er auf eine Paddeltour mitgenommen, allen stolz gezeigt und prompt im See versenkt. Drei Tage später hatte er ein neues. Keine Ahnung, wie lange das überlebt hat.

»Typisch Philipp«, hat Papa damals gesagt. Aber leise, damit Matti es nicht hört. Denn wenn man was gegen Philipp sagt, klappt Matti endgültig zu wie eine Auster.

Das ist ein bisschen so wie bei Amelie und ihren Hamstern.

»Johanna macht hier also heute fett Party?«, fragt Philipp und streicht sich die blonden Locken zurück. Er sieht bei Weitem nicht so cool aus, wie er gern möchte, sondern eher wie Omas Liebling. Da hilft auch die schwarze Lederjacke mit all den Nieten drauf nichts.

Ich zucke die Achseln und wundere mich. Hat Matti ihm von der Party erzählt? Ich dachte, das Ganze ist ›topsecret‹. Anscheinend nicht.

»Wer kommt denn so?«, will Philipp wissen.

»Kennste-eh-nich.«

Ha, diese drei Worte wollte ich schon immer mal aussprechen! Hoffentlich hat es lässig genug geklungen.

Eigentlich ist der Ausdruck Johanna vorbehalten. Wenn Papa fragt, mit wem sie sich trifft, ist es garantiert immer ›Kennste-eh-nich‹, meist verbunden mit einem genervten Augenrollen und einer geheimnisvollen Miene. So als würde Johanna sich mit der versammelten Unterwelt der Stadt treffen und die kleinste Information Hochverrat bedeuten.

Auch so was, was ich nicht verstehe! Ich erzähle Mama total gerne von meinen Freundinnen: also wer was gesagt hat, was ich daraufhin gesagt habe und überhaupt. Ich mag es, dass Mama meine Freundinnen kennt und meistens sofort versteht, warum ich mich über etwas ärgere oder verletzt bin!

»Was macht ihr beide denn heute Abend?«, taste ich mich vor.

Wer weiß, vielleicht können Matti, Philipp und ich ja später einen Film zusammen gucken. Wenn die Party hier richtig losgeht, werde ich nämlich bestimmt in mein Zimmer verbannt und darf nicht mal mehr aufs Klo. (Okay, das ist jetzt wieder ein bisschen übertrieben, aber nicht sehr, wetten?)

Wir könnten ›Toy Story‹ sehen, oder ›Madagascar‹, ganz egal. Nur ›König der Löwen‹ geht nicht, das ist sooo traurig, das halte ich nicht aus. Schon gar nicht ohne Mama und Papa!

»Es gibt sogar Popcorn!«, locke ich Matti. »Süßes und salziges. Habe ich bei Johanna bestellt!«

Die Jungs wechseln einen Blick.

»Nee, wir wollen gleich rüber zu Philipp!«, sagt Matti.

»Aber ihr könnt doch auch hier …«

Matti schüttelt den Kopf. »Geht echt nicht, Rosa!« Spüre ich da einen Anflug von schlechtem Gewissen? Aber überreden lässt er sich trotzdem nicht. Schade!

Oh, da ist ja Johanna schon wieder! Sie muss sich beim Einkaufen echt beeilt haben.

Ächzend hievt sie die Tüten auf einen Stuhl, um dann Matti vorwurfsvoll anzusehen. »Was macht ihr denn noch hier?«

Zu meinem Erstaunen springt Matti sofort auf und zieht Philipp mit sich. »Keine Sorge, wir hauen schon ab!«

Er greift nach seiner Jacke. Moment, was steckt denn da in seiner Tasche? Ist das etwa der Kinogutschein von Mama? Tatsächlich! Aber wieso hat Matti den denn jetzt? Ach so, plötzlich kapiere ich: Johanna hat den Gutschein inzwischen an Matti abgetreten, damit er und Philipp bei ihrer tollen Party nicht im Weg sind. Und Matti hat den Deal akzeptiert. Deswegen muss er das Feld räumen.

Jetzt bin ich wirklich beleidigt.

Schlimm genug, dass Mama und Papa Johanna mit einem Kinogutschein dafür BEZAHLT haben, dass sie sich um mich kümmert. Jetzt HANDELN meine Geschwister auch noch mit ihrer Belohnung!

Mir reicht's!

Wortlos springe ich auf, schnappe mir meinen Rucksack und stapfe nach oben in mein Zimmer. Dort lasse ich mich aufs Bett fallen und kippe meinen Rucksack aus. Ich brauche jetzt Motte! Und zwar sofort.

Zum Glück hat mir Motte den Transport in den Untiefen meines Rucksacks nicht übel genommen. Sie ist genauso kuschelweich und süßmüffelig wie immer. Ich fühle mich gleich etwas getröstet. Und mein Widerstandsgeist erwacht. Pah, dann bleibe ich eben den ganzen Abend in meinem Zimmer! Ohne meine bescheuerten Geschwister! Die brauche ich nämlich gar nicht. Ich werde mich heute Abend prächtig amüsieren! Und zwar ganz ALLEIN, jawoll!

Ich weiß nur noch nicht, wie.

in dem der Begriff ›Erwähnzwang‹ erläutert wird

Während ich so vor mich hin grübele, klopft es an der Tür.

Es KLOPFT!

Ja, tatsächlich!

Seit wann befindet es jemand für nötig, bei mir anzuklopfen? Normalerweise stürmen alle einfach bei mir rein. Aber WEHE, ich wage es, ohne Vorwarnung Mattis oder Johannas Zimmer zu betreten! Das ist quasi lebensgefährlich! Weil in Johannas Zimmer immer tausend Klamotten herumfliegen, ihr Laptop gerade von irgendwo herunterzufallen droht und geöffnete Nagellackfläschchen den Boden pflastern. Während es in Mattis ungelüfteter Höhle nach den Socken der letzten drei Wochen riecht und seine Musik jedes Mal ein Anschlag auf meine Ohren ist. Und dann zicken die beiden mich direkt an, wenn ich unangekündigt reinschneie. Und wie!

Johanna steckt ihren Kopf in die Tür. »Na, was machst du so, Zwergmaus?«

Die ›Zwergmaus‹ und das Liebtun kann sie sich sparen!

»Lesen«, erkläre ich hoheitsvoll, ohne den Blick von Motte zu heben.

Johanna runzelt die Stirn. »Ohne Buch?«

Pah, mir doch egal!

»Ich überlege noch, welches ich lese.«

»Verstehe …« Johanna nickt. »Hm, was hältst du denn davon, wenn wir beide schon mal eine Portion Popcorn ploppen lassen?«

Na, wenn sich das nicht nach einem schlechten Gewissen anhört! Aber so leicht mache ich es Johanna jetzt nicht.

»Oder …«, Johanna überlegt, »du hilfst mir dabei, ein Outfit für heute Abend auszusuchen? Ich habe nämlich noch keinen Schimmer, was ich anziehe.«

»Au ja!« Mit einem Satz springe ich auf.

Zugegeben, jetzt habe ich mich ein bisschen zu schnell weichklopfen lassen. Aber ich LIEBE es, in Johannas Kleiderschrank zu stöbern und Klamotten für sie rauszusuchen! Das lässt sie sonst ja fast nie zu. Johannas Kleiderschrank ist absolute Tabuzone.

Was mich natürlich nicht davon abhält, hin und wieder einen Blick … Na, du weißt schon! Ich muss nur darauf achten, dass hinterher alles wieder haargenau am selben Platz liegt.

Ehrlich, Johanna scheint zu RIECHEN, wenn ich an ihren Sachen war. Keine Ahnung, wie sie das merkt. Direkt unheimlich!

Hatte ich eigentlich schon erwähnt, dass meine große Schwester ziemlich hübsch ist? Nein? Dann wird es Zeit!

Also, Johanna hat langes braunes Haar, große graugrüne Augen und ein paar Sommersprossen auf der Nase. Die Sommersprossen habe ich auch, aber etwa hunderttausendmal so viele.

Johanna findet sich zu blass. Deswegen schmiert sie sich manchmal ein viel zu dunkles Make-up ins Gesicht (was ihr nicht steht, aber das darf man KEINESFALLS sagen). Und sie trägt viel zu oft grau und schwarz. Ich glaube, weil das irgendwie ›dramatisch‹ aussieht.

Auch jetzt liegt wieder ein schwarzes Kleid ausgebreitet auf ihrem Bett. Der Stoff ist schön, zart und ein bisschen durchsichtig, aber sonst … hmm …

»Guck mal«, Johanna hebt das Kleid hoch und hält es sich vor den Körper. »Das hat mir Shari geliehen. Wie findest du es?«

Das Ding sieht aus wie ein Kartoffelsack. Aber wenn ich das jetzt sage, macht Johanna direkt dicht. Also setze ich mich aufs Bett und schnappe mir eins ihrer dicken Kuschelkissen.

»Zieh es doch mal an!«

Kein Wunder, dass Johanna Sharis Kleid nicht passt. Shari ist kurvig und hat einen viel größeren Busen als Johanna. Aber wenn ich DAS sage, bin ich komplett erledigt.

Johanna schält sich aus Jeans und Shirt. Dabei dreht sie sich extra von mir weg. Voll albern! Als ob ich Johanna nicht schon zigtausendmal nackt gesehen hätte! Und jetzt hat sie sogar noch einen BH an! Oh, seit wann trägt sie denn Strings? (Falls du das nicht weißt: Das sind Slips, bei denen am Po gar kein richtiger Stoff ist, sondern nur eine Art Band. Stelle ich mir mega-ungemütlich vor!)

»Wie viele Leute kommen denn nachher?«, frage ich.

»Ach, so um die zehn oder fünfzehn Leute.«

Also mindestens zwanzig.

»Alle aus deiner Stufe?«

Johanna nickt. »Die meisten schon. Na ja, und dann wahrscheinlich noch Finn und … äh … Leon. Du weißt schon: Die beiden Jungs, die ich vom Volleyball kenne.«

Nein, weiß ich nicht. Bisher wurden Finn und Leon nie erwähnt. Jedenfalls nicht mir gegenüber.

»Sind die in deiner Mannschaft?«

»Nee, du Dummie«, Johanna prustet. »Ich bin doch in einer Mädchenmannschaft. Außerdem spielt Leon eine Klasse höher. Er ist echt gut!« Sie dreht eine Haarsträhne um ihren Finger. »Unsere Trainerin sagt, Leon hat's voll drauf. Ganz viel Sprungkraft und so.« Johanna begutachtet sich im Spiegel. »Na ja, und seine langen Beine natürlich. Leon ist richtig groß! Wer weiß, vielleicht schafft er es ja sogar in die Profiliga. Tessa meint auch, das wäre durchaus möglich.«

»Was jetzt?«

»Na, dass Leon in die Profiliga kommt.«

»Ach so.«

Johanna wühlt in ihrem Schrank herum. Anscheinend hat sie selber gemerkt, dass das Sackkleid nicht so der Hit ist.

»Die beiden bringen auch noch was zu trinken mit«, erzählt sie weiter. »Leon hat letztens einen superleckeren Drink gemixt, ganz ohne Alkohol. Dafür wollten sie noch einkaufen. Leon hat einen Draht zu einem vom Supermarkt. Du, der ist echt clever!«

»Der Typ vom Supermarkt?«

»Was? Nein!« Johanna taucht wieder auf und dreht sich empört zu mir um. »Leon natürlich!«

Natürlich.

So langsam wird mir einiges klar: Johanna leidet unter Erwähnzwang! Sprich: Sie ist in diesen Leon verknallt! Das mit dem Erwähnzwang hat mir Malin erklärt. Ihre Freundin Sarah hat drei ältere Schwestern! (Das muss man sich mal vorstellen! DREI! Was für ein Schicksal!) Aber dadurch kennt sich Sarah natürlich aus. Sie sagt, wenn eine ihrer Schwestern einen Jungen dauernd erwähnt, ohne den geringsten Anlass, dann ist sie mit Sicherheit in den Typen verknallt. Es sei echt erstaunlich, von welchem Thema (Matheklausur, Bienensterben, Marsmission, ... ganz egal!) die betreffende Schwester dann in Nullkommanichts das Gespräch auf ihren jeweiligen Schwarm bringen könnte.

Ich habe natürlich sofort überlegt, ob ich genauso leicht zu durchschauen bin. Also wegen Jesper, der vor einem halben Jahr in unsere Klasse gekommen ist. Den finde ich nämlich ... äh ... ziemlich süß (aber das muss wirklich unter uns bleiben, klar?). Zugegeben, Jesper ist manchmal ein ganz klein bisschen albern.

Ich glaube, das lässt sich bei Jungs nie ganz vermeiden. Aber wenn er lacht, kriegt er Grübchen, das ist VOLL niedlich! Und er lacht nie über solchen Schwachsinn wie die anderen Jungs, sondern über Sachen, die WIRKLICH lustig sind. Außerdem hat er total schöne Haare und ... ach, Jesper ist eben ... anders!

Bisher weiß nur Bini, dass es da jemanden gibt, den ich voll süß finde. Ihr konnte ich es erzählen, weil sie nicht in meine Klasse geht. Da besteht keine Gefahr, dass sie sich verquatscht und es PEINLICH wird.

Bei Malin wäre ich mir da nämlich nicht so sicher. Malin meint es wirklich nicht böse, aber sie hat einfach eine megalaute Stimme, und sie selbst erzählt jedem ALLES über sich. Ungefragt! Malin ist absolut NICHTS peinlich! Ehrlich, manchmal beneide ich sie richtig darum.

Letztens hat sie unserem Hausmeister von ihren Schweißfüßen erzählt und dass sie deswegen jetzt sogar Einlagen trägt. Das muss man sich mal vorstellen! Nur weil der arme Mann uns im Vorbeilaufen »Wie geht's?« gefragt hat. Als wenn da irgendjemand tatsächlich eine ANTWORT drauf erwartet!

Also wenn ich Malin erzähle, dass ich Jesper süß finde, kann ich gleich einen Aushang am schwarzen Brett machen oder einen Spot für TikTok drehen. Bei Amelie wiederum brauche ich mit dem Thema Jesper gar nicht erst anzufangen. Weil Amelie sich nicht vorstellen kann, dass irgendwas auf der Welt auch nur annähernd so süß ist wie Sweetie und Sunny (das sind ihre Hamster, wie du hoffentlich noch weißt).

Kapitel 10

in dem Rosa von einem Geheimnis erfährt

Johanna hat inzwischen den Inhalt ihres halben Kleiderschranks auf dem Bett verteilt und wühlt darin herum. Gerade zupft sie ein zartrosa Kleid heraus und hält es sich vor den Körper. »Wie findest du das?«

Ich schüttele energisch den Kopf. »Auf keinen Fall! Das hat Rüschen!«

Johanna macht große Augen. »Aber du trägst doch selber solche Kleider.«

»Klar, ICH mag ja auch Blümchen und Schleifen und so was«, erkläre ich geduldig. »Jedenfalls manchmal. Aber Jungs mögen das nicht.«

»WAS?« Johanna kichert. »Wie kommst du denn darauf?«

»Stimmt echt!«, beharre ich. »Das habe ich irgendwo gelesen: Jungs mögen lieber schlichte Sachen. Deswegen geht die da auch nicht!« Ich deute auf die glänzenden Leggings mit Leopardenmuster, nach denen Johanna gerade angelt.

Sie hält inne. »Hast du etwa auch etwas über Leomuster gelesen?«

»Das brauche ich nicht«, sage ich. »Solche Leggings sehen immer irgendwie … angestrengt aus. Ach, du weißt schon …«

Johanna zieht die Augenbrauen hoch. »Du meinst, gewollt sexy?«

Ich nicke. »Hast du gar nicht nötig.«

»Oh, danke!« Sie blickt an sich herunter. »Findest du wirklich?«

Meine Meinung scheint ihr tatsächlich wichtig zu sein.

»Klar!« Ich nicke. »Ich wäre total froh, wenn ich später auch nur annähernd so hübsch werde wie du.« Jetzt bin ich verlegen. Dabei habe ich einfach nur die Wahrheit gesagt.

»Ach, Rosa!«

Johanna legt die Leggings zur Seite und setzt sich zu mir aufs Bett. »Das wirst du! Ganz sicher sogar!«

»Meinst du echt? Damit?«

Ich grinse schief und zupfe an meinen Haaren herum, die mehr kraus als lockig sind, aber zumindest den Vorteil haben, dass sie meine Segelohren verdecken.

»Aber sicher! Und dazu bist du noch ein schlaues Mäuschen!«

Johanna rückt ein Stück näher und streckt die Arme aus. »Komm mal her zu mir!«

Ich lasse mich an ihre Schulter sinken.

Johanna und ich umarmen uns selten, also ohne dass es einen Anlass dafür gibt, wie Geburtstag oder so. Deswegen fühlt es sich ungewohnt an, aber total schön. Einen Moment sitzen wir einfach so da, ganz still. Johannas Hand streicht über meinen Rücken. Ich höre sie atmen. Oje, mein linker Fuß schläft ein. Egal! Ich bewege mich jetzt kein Stück.

»Tut mir leid, dass ich so doof zu dir war!«, flüstert Johanna. »Weißt du, ich bin einfach ein bisschen aufgeregt, wegen der Party. Weil Mama und Papa nichts davon wissen und überhaupt …«

Ich nicke. Aber das kann Johanna ja nicht sehen.

»Und wegen … na ja, bestimmt auch wegen Leon, oder?«, frage ich.

Himmel, warum habe ich das nur gesagt?

»Leon?« Johanna schiebt mich ein Stück weg und schaut mich überrascht an. »Wie kommst du denn jetzt auf Leon?«

»Na, weil du ihn gern hast, stimmt's?«

»Oje«, macht Johanna erschrocken. »Wenn DU das schon merkst …«

Also bitte, was soll das denn jetzt heißen? Ich bin zwar erst zehn, aber ich bin doch keine komplette Idiotin!

»Bist du in ihn … verliebt?«, frage ich vorsichtig.

Puh, das hier fühlt sich an wie ein Tanz auf dem Drahtseil: ein winziger falscher Schritt (das heißt, ein einziges falsches Wort), und sie wird zuklappen wie eine Auster.

Johanna blickt zur Seite. »Na ja«, gibt sie zu, »ich schätze schon, ein bisschen.«

»Und er?«

»Tja …«

Boah, sie lässt sich aber auch alles aus der Nase ziehen!

»Ich glaube, er mag mich auch.« Johanna lächelt jetzt. »Alles Weitere stellt sich vielleicht heute Abend raus, oder? Zumindest haben wir uns schon geküsst.«

Wow!

Mit derartigen Informationen hätte ich ja gar nicht gerechnet.

»Dann ist er auch in dich verknallt!«, stelle ich fest. »Sonst küsst man sich doch nicht. Ich meine, so mit Zunge, das ist doch voll EKLIG. Also wenn man nicht verliebt ist.«

Johanna grinst. »Na, du musst es ja wissen.«

Und schon werde ich wieder wie ein Baby behandelt. War ja klar! Aber darauf gehe ich jetzt gar nicht ein.

»Weiß sonst jemand davon?«, frage ich. »Also dass du Leon … äh … gut findest.«

»Shari weiß es«, gibt Johanna zu. »Wir erzählen uns alles. Und bei ihr bin ich sicher, dass sie die Klappe hält.«

Shari ist Johannas beste Freundin, schon seit Urzeiten. Ich kann Shari auch gut leiden. Letzten Sommer war sie sogar mit uns im Urlaub in Dänemark. Erst hatte ich befürchtet, dass Johanna und sie dann ständig was allein machen wollen und ich mich zu Tode langweilen würde. Aber im Gegenteil: Shari hat mich bei allem miteinbezogen. Obwohl sie selbst gar keine Geschwister hat. Es war echt lustig mit ihr!

»Tessa weiß auch Bescheid«, fährt Johanna fort. »Sie hat Leon und mich nach dem Volleyball zusammen gesehen, und dann war es ihr klar. Das meinte sie jedenfalls.« Johanna grinst verlegen. »Na, ist ja auch egal, oder?«

Sie steht auf. »So, Schluss damit! Wir müssen hier ja mal weiterkommen.« Johanna deutet auf den Kleiderberg vor uns. »Also, mach einen Vorschlag: Was soll ich anziehen?«

»Hmm ... wie wär's damit?« Ich ziehe eine schwarze, schmal geschnittene Jeans heraus. »Die steht dir super!«

Johanna nickt, nimmt die Hose und schlüpft direkt hinein. »Okay, ist genehmigt! Und oben?«

»Warte!«

Ich krabbele vom Bett, sprinte in mein Zimmer und bin in Nullkommanichts mit meinem seegrünen Lieblingskleid zurück.

Johanna verzieht das Gesicht. »Da passe ich doch nie im Leben rein!«

»Für dich ist das Kleid halt eine Bluse! Probier mal an!«

»Meinetwegen.« Sie streift es über und dreht sich vor dem Spiegel. »Sieht echt nicht schlecht aus!«, gibt sie schließlich zu.

»Nicht schlecht? Es sieht SUPER aus!«, sage ich zufrieden. »Die Farbe passt toll zu deinen Augen.«

»Findest du?« Johanna betrachtet sich noch immer prüfend, aber dann nickt sie. »Okay, und was mache ich mit meinen Haaren?«

»Gar nichts! Jedenfalls nicht so einen komischen Knödel auf dem Kopf«, sage ich streng.

Johanna lacht. »Hast du darüber etwa auch etwas gelesen?«

Ich schüttele den Kopf. »Quatsch, das sieht jeder, dass dir offene Haare richtig gut stehen.«

»Aye, aye, Käpten!« Johanna gibt mir einen Knuff. »Dann danke ich meiner Stylingberaterin.« Sie rafft den Klamottenberg auf ihrem Bett zusammen, schiebt das Knäuel in den Kleiderschrank und schließt schwungvoll die Tür. »Das räume ich morgen weg!«

Die Methode muss ich mir merken.

»Und was machen wir jetzt?«, frage ich.

»Popcorn?«, fragt Johanna grinsend.

Wenn das nicht eine gute Idee ist!

in dem es jede Menge zu tun gibt
und jemand nervt

Nachdem wir eine Riesenschüssel gebuttertes Popcorn verdrückt haben (wieso kann man von Popcorn eigentlich immer solche MASSEN essen?), helfe ich Johanna, das Haus ›partysicher‹ zu machen. Das heißt, wir sammeln den gesamten zerbrechlichen Deko-Kram (›Stehrümchen‹, wie Oma so was nennt) ein und stopfen alles in einen großen Karton. Auch die bunten Seidenkissen, die immer auf der Couch liegen, werden ins Elternschlafzimmer verbannt.

»Die Dinger hat Mama vor hundert Jahren aus

Italien mitgebracht, und wenn da jemand drauf ko... äh ... kleckert, bin ich erledigt!«, begründet Johanna ihre Vorsichtsmaßnahme.

Wow, sie scheint ja wirklich mit einer wilden Party zu rechnen!

Aber wieso nimmt sie denn jetzt auch noch unsere ganzen schönen Familienfotos von der Wand?

»Mensch, Rosa, weil die voll peinlich sind! Guck doch mal!« Johanna zeigt auf ein Foto, das sie und Matti stolz vor einem riesigen Schneemann zeigt. »Darauf sehe ich aus wie eine Wurst!«

»Ja, aber das ist doch lustig! Ich meine, wie du da stehst mit der Zahnspange und dem viel zu kurzen Pony und diesem komischen ...«

»Genau, du hast es erfasst! Deswegen kommt das Foto auch weg!«

Manno!

Immerhin darf das Bild bleiben, das Papa kurz nach meiner Geburt von uns drei Geschwistern gemacht hat. Das ist eins meiner Lieblingsfotos. Wie verzückt Matti und Johanna mich darauf angucken! Lang ist's her ... schnüff.

Natürlich lässt Johanna auch das lässige große Familienbild von unserem letzten Nordseetrip hängen. Darauf sieht sie selbst nämlich aus wie die Leadsängerin einer Band. Mamas Haare wehen im Wind, Matti und Papa blicken verwegen aufs Meer und ich grinse frech in die Kamera. Eine coole Familie wie aus dem Werbespot!

»Wollt ihr denn nachher hier im Wohnzimmer sitzen?«, erkundige ich mich.

»Nein, wir gehen in mein Zimmer. Aber ich kann den Leuten ja nicht verbieten, sich auch hier umzuschauen«, erklärt Johanna.

Sie grinst. »Ich weiß, dass ich es übertreibe.«

Ich helfe Johanna, Teelichter in bunte Gläser zu stellen (für eine gemütliche ›Atmo‹), danach reißen wir sämtliche Chipstüten auf und testen die verschiedenen Geschmacksrichtungen.

»Warte mal!« Johanna wirft einen Blick auf ihr Smartphone. »Oh, Mama hat ein Foto von sich und vier spießigen Cousinen geschickt und fragt, ob bei uns alles okay ist!«

»Und was antwortest du ihr?«

»Einen lachenden Smiley und Daumen hoch! So! Schon abgeschickt! Dass deine Übernachtungsparty ausgefallen ist, schreibe ich Mama erst morgen früh. Ist jetzt zu stressig!«

»Zeig mal das Foto!«, bitte ich.

»Später!« Johanna springt auf und steckt ihr Handy ein. »Shari und Tessa sind da!«

Das ist auch so ein Johanna-Ding: Ihre Freunde klingeln nicht einfach. Nein, die schreiben eine Nachricht, dass sie jetzt vor der Tür stehen. Schräg, oder?

Ehrlich, ich glaube, sie schreiben sich für ALLES Nachrichten: ›Ich putze gerade Zähne.‹ ›Ich gehe jetzt aufs Klo.‹ ›Ich höre als nächstes …‹

Wäre mir ja viel zu kompliziert!

Während Johanna ihre Freundinnen begrüßt, mache ich mir zwei Schüsseln mit Flips, Chips und Popcorn zurecht und schleuse meine Beute vorsorglich in mein Zimmer. Nachher hat Johanna meine Versorgungslage nämlich sicher nicht mehr im Blick, und ich will heute Abend nicht verhungern.

»Hi Rosa!« Als ich zurück in die Küche komme, winkt Shari mir zu. Sie wuchtet eine prall gefüllte Tüte auf den Tisch. Wow, anscheinend hat sie doch an Käse und Trauben gedacht! Und ein paar Flaschen höre ich da auch klirren.

Die andere mit den glatt gebügelten blonden Haaren muss diese Tessa vom Volleyball sein.

Als sie mich sieht, zieht sie erstaunt die Augenbrauen hoch. »Ups, ich wusste gar nicht, dass deine kleine Schwester auch da ist, Hanni!«

Wenn ich eins nicht leiden kann, ist es, wenn Leute über mich reden, als wäre ich gar nicht da. Und dann noch Johannas Namen verhunzen! ›Hanni‹ ... wahrscheinlich denkt diese Tessa, das klingt wie ›Honey‹.

»Keine Sorge!« Johanna legt mir die Hand auf die Schulter. »Rosa wird uns nicht stören, und sie hat mir bisher ganz toll geholfen. Stimmt's, Rosa?«

Wahrscheinlich wäre jetzt der richtige Moment, um über einen Kinogutschein zu verhandeln (zur Abwechslung mal einen für MICH). Aber das mache ich natürlich nicht. Stattdessen strahle ich wie ein Honigkuchenpferd über Johannas Anerkennung. In der Beziehung bin ich ja nicht gerade verwöhnt. Eigentlich bin ich ÜBERHAUPT NICHT verwöhnt, auch wenn

Matti und Johanna ständig das Gegenteil behaupten.

»Rosa ist eben die Beste!«, sagt Shari und zwinkert mir zu. »Wenn ich mir eine kleine Schwester wünschen könnte …!«

»Na ja, aber wer wünscht sich das schon?«, unterbricht sie Tessa. »Also eine kleine Schwester!« Sie unterdrückt ein Kichern. »Sorry, war nur ein kleiner Sche-herz!«

Sehr lustig! Diese Tessa hat anscheinend einen Clown gefrühstückt. Ich sehe sie kampflustig an. In diesem Leben werden Blondie und ich keine Freundinnen mehr. Das steht schon mal fest!

»Rosa, hilfst du mir, den Käse zu schneiden?«, fragt Shari.

»Klar!« Eifrig springe ich auf.

Während sich Tessa und Johanna nach oben verziehen, weil Tessa in ihrem eigenen Kleiderschrank »absolut nichts anzuziehen« gefunden hat, bastele ich mit Shari Käsespießchen. Es macht richtig Spaß, Paprikastücke, Trauben und Käsewürfel auf Holzstäbchen zu schieben! Vielleicht sollte ich später statt Eventmanagerin oder Hochzeitsplanerin lieber Köchin werden? Aber wenn ich an die Karamellbonbons von heute Morgen denke …

Ich horche nach oben. Hoffentlich redet Tessa Johanna nicht ihr schönes Outfit wieder aus oder schwatzt ihr doch noch so einen Knödel auf den Kopf. Dann wäre ich echt sauer!

Und überhaupt: Müsste es nicht mal langsam losgehen mit der Party? Ich werfe einen Blick auf die Uhr. »Wann kommen denn die anderen?«

Shari grinst. »Nicht vor neun! Du hast doch sicher schon mitgekriegt, dass es echt VOLL UNCOOL ist, pünktlich zu kommen. Beste Freundinnen natürlich ausgenommen!«

Ich hoffe, mit ›beste Freundin‹ meint Shari nur sich selbst und nicht Tessa!

Das mit dem späten Start kapiere ich nicht. »Aber wenn ihr früher anfangt, kann die Party länger dauern. Das ist doch viel besser!«

»Stimmt natürlich«, gibt Shari zu. »Aber wer früh kommt, zeigt zu viel Interesse. Es muss immer so aussehen, als käme man von einem anderen tollen Event und würde eher zufällig reinschneien. Außerdem ist später am Abend meistens schon Stimmung, dann muss man selber keine mehr machen.«

Ich schüttele den Kopf. »Ist das albern!«

Shari lacht und steckt mir einen Käsespieß in den Mund. »Ich werde dich in ein paar Jahren daran erinnern!«

Als Tessa und Johanna wieder herunterkommen, trägt Tessa die glänzenden Leggings mit dem Leomuster und ein knappes schwarzes Top. Shari stellt Musik an, und die drei tanzen hüftschwingend durch die Wohnung.

»Komm Rosa, mach mit!«, ruft Shari und streckt die Hand nach mir aus.

Ach nein, lieber nicht. Ich schnappe mir jetzt noch einen Schokokuss und dann verziehe ich mich in mein Zimmer. Das ist weitaus würdevoller, als später HOCHGESCHICKT zu werden. Obwohl mich dieser Leon natürlich wahnsinnig interessiert … Den Typ muss ich auf jeden Fall noch irgendwie zu Gesicht kriegen!

Kapitel 12

in dem Rosa eine unangenehme
Entdeckung macht

Jetzt hätte ich doch fast vergessen, mir von Johanna auf ihrem Laptop einen Film einstellen zu lassen.

Natürlich bereitet sie alles so vor, dass ich nur noch auf ›START‹ drücken muss. Damit ich KEINESFALLS versehentlich auf ihre ultrageheimen Chats oder Fotos stoße.

Irgendwie hatte ich doch keine Lust auf einen Disney-Film. Daher hat mir Johanna einen Film mit diesem dunkelhaarigen Wuschelkopf mit Welpenblick vorgeschlagen, den angeblich alle Mädels total süß finden. Wuschelkopf spielt darin einen Lehrer, der die ganze Schule auf den Kopf stellt, von nichts eine Ahnung hat und sich natürlich nebenbei in eine Kollegin verknallt. Wobei: Dass der Typ Lehrer sein soll, nimmt ihm keiner ab. Na ja, ist er ja auch nicht. Nicht mal in dem Film. Aber das spielt keine Rolle, das Ganze ist echt ziemlich lustig.

Stell dir vor: Johanna hat tatsächlich vorher überprüft, ob der Film schon für mein Alter ›empfohlen‹ wird. HALLO?! Sie selber feiert da unten gleich eine wilde Geheimparty und ich soll ›Sandmännchen‹ gucken?

Ach, es ist sooo schade, dass Bini nicht da ist! Mit ihr kann man super Filmabende machen, Chips futtern und anschließend alles noch mal in Ruhe durchkauen (also die Filme).

Ganz anders als mit Malin, ehrlich, da werde ich regelmäßig SAUER! Malin redet nämlich ständig dazwischen! Wirklich. Aber seltsamerweise weiß sie hinterher trotzdem immer genau, um was es ging, während ich durch ihr Gequassel fast nichts von der Handlung mitgekriegt habe. Voll unfair!

Amelie ist in Sachen Filme leider ein Totalausfall. Sie interessiert sich nur für Streifen, in denen Hamster vorkommen. Und davon gibt's nicht viele (falls du einen Tipp hast ...).

Aber zugegeben, so gaaanz viel kriege ich von dem heutigen Film auch nicht mit, weil ich nämlich jedes Mal, wenn ich draußen die Gartenpforte quietschen höre, hektisch zum Fenster sprinte. (Wie gut, dass Papa noch nicht dazu gekommen ist, die Pforte zu ölen, obwohl Mama ihn regelmäßig daran erinnert.) Natürlich mache ich vorher immer blitzschnell das Licht aus. Schließlich sollen Johannas Freunde nicht sehen, wie ich mir oben am Fenster die Nase platt drücke (MEGAPEINLICH!).

Dabei würde ich so gerne einen Blick auf Johannas Schwarm werfen! Aber wie soll ich diesen Leon überhaupt erkennen? Okay, der Typ mit Harry-Potter-Brille, der gerade zusammen mit zwei Mädels anrückt und im Gehen noch nervös seine Haare stylt, ist es vermutlich nicht!

Auch nicht der danach mit dem überlangen Pony. Timmy oder Timo oder so. Der sieht zwar ganz niedlich aus, aber Johanna kennt ihn schon aus der Grundschule. Damit ist er raus.

Oha, jetzt kommt eine ganze Gruppe! Darunter Amir aus Johannas Klasse, aber auch zwei Jungs, die ich noch nie gesehen habe! Das könnten Finn und Leon sein! Hat Johanna nicht gesagt, dass Leon sehr lange Beine hat? Leider kann ich sein Gesicht nur ganz kurz sehen, da geht schon die Tür auf. Ich höre Johannas Lachen. Es klingt anders als sonst. Klar, bestimmt ist sie mega-aufgeregt!

Jetzt stellt jemand die Musik lauter, und ich höre nur noch Stimmengewirr. Anscheinend kommt die Party langsam in Schwung. Johanna hat echt Glück, dass nebenan bei Malin heute auch keiner zu Hause ist.

Ob Johanna und Leon heute richtig zusammenkommen? Mit knutschen und Händchen halten und so? Hoffentlich ist er genauso in sie verknallt wie sie in ihn!

Ich weiß nicht, wie du das siehst. Aber ich finde das mit der Liebe ja ziemlich kompliziert! Also, ich meine, ist es nicht erstaunlich, dass sich so oft zwei Menschen INEINANDER verlieben? Und dann noch gleichzeitig! Bei jedem Paar, das man sieht, muss das ja irgendwann mal geklappt haben. Auch wenn man sich das bei vielen Paaren überhaupt nicht vorstellen kann.

Eine Weile lausche ich noch angestrengt nach unten, aber nicht lange. Ich verstehe kein Wort, zumal die Chips so laut in meinem Mund knuspern. Und dazu läuft ja noch der Film. Wobei ich da schon langsam nicht mehr durchblicke: Warum buddelt Wuschelkopf da dauernd im Keller?

Egal! Ich drücke auf ›PAUSE‹. Plötzlich bin ich sooo müde! Ich rolle mich auf die Seite und schnappe mir Motte. Einfach mal kurz die Augen zumachen, dann bin ich sicher gleich wieder fit.

Aber als ich die Augen das nächste Mal öffne, ist es – ich werfe einen Blick auf die Uhr –, ups, schon nach Mitternacht! Ich habe fast drei Stunden geschlafen! Mein Mund fühlt sich an, als hätte ich mit Sägespänen gegurgelt. Und Pipi muss ich jetzt auch.

Ich horche nach draußen. Anscheinend ist die Party noch in vollem Gang. Jedenfalls höre ich wummernde Bässe, dazwischen immer wieder Rufe und lautes Lachen. Aber von unten. Also hat Johanna ihre Gäste doch nicht in ihr Zimmer verfrachtet. Zum Glück! So begegne ich wenigstens niemandem, wenn ich gleich Richtung Badezimmer tappe. Ich schlüpfe schnell in meinen Schlafanzug, dann öffne ich die Tür. Also los!

Alles dunkel hier oben!

Gut so, am besten, ich werde gar nicht richtig wach. Ob Matti zu Hause ist? Wahrscheinlich schläft er bei Philipp.

Auf Zehenspitzen husche ich über den Flur … und erstarre.

Was war das denn eben für ein Rascheln?

Woher kam das?

Kann es sein, dass ich nicht allein bin hier oben?

Ja, da in der kleinen Kammer neben Mamas und Papas Schlafzimmer ist jemand! Die Tür ist nur angelehnt, kein Licht, aber ich spüre den Luftzug. Meine Beine beginnen zu zittern. Ich strecke die Hand aus, taste die Wand ab. Wo ist der verdammte Lichtschalter?

Da, endlich! Im Bad wird es hell, gleichzeitig geht die Tür zur Kammer auf. Nur einen Spalt, aber es genügt, um das Paar dahinter zu sehen: zerzaustes blondes Haar, erhitzte Gesichter. Tessa und ... Leon!

Also der Junge, den ich draußen für Leon gehalten habe!

Die beiden fahren auseinander. Zu spät. Selbst ein Blinder hätte erkannt, was hier los ist.

Anscheinend gibt es doch Jungs, die auf so gewollt sexy Leoleggings abfahren. Hm.

Tessa streicht sich verlegen die Haare aus dem Gesicht.

»Oh ... Hi! Ich zeige Leon gerade ... äh ...«, sie unterbricht sich, merkt selbst, wie lächerlich ihr Erklärungsversuch ist. »Also ... äh, Leon, das ist Rosa ...«

»Johannas Schwester!« Ich blicke böse von einem zum anderen.

Der Junge ist also tatsächlich Leon.

Ich fasse es nicht. Wie konnte Tessa nur? Sie ist doch Johannas FREUNDIN! Sie WEISS, dass Johanna in Leon verliebt ist. Bestimmt haben die beiden vorhin noch darüber gesprochen ... Und jetzt knutscht sie hier mit ihm?

Das ist ja so gemein!

Himmel, was mache ich denn jetzt?

Johanna darf das hier nicht mitkriegen, jedenfalls nicht gleich! Nicht vor all ihren Freunden! Auf ihrer eigenen Party!

Tessa knibbelt nervös an ihren Nägeln. Sie spürt, dass ich Bescheid weiß, über Johanna und

Leon. Und sie hat Angst, dass ich gleich einen Riesenaufstand mache.

Ha, soll sie ruhig zittern!

Leons Augen sind glasig. Im Gegensatz zu Tessa und mir schnallt er offensichtlich gar nichts. Nur, dass die Situation irgendwie unentspannt ist.

Er schiebt sich an mir vorbei ins Bad. »Sorry, ich muss mal.«

Sofort macht auch Tessa Anstalten zu verschwinden, aber so leicht lasse ich sie nicht davonkommen.

Ich sehe sie fest an. »Geh nach Hause!«

Verdammt, wieso muss ich ausgerechnet heute den Schlafanzug mit den Schäfchen drauf anhaben? Aber das lässt sich nicht ändern.

»Wie?« Tessas Augen weiten sich. »Jetzt gleich?«

Ich nicke. »Johanna soll mit ihren echten Freunden weiterfeiern! Und du bist keine Freundin.«

Mein Herz klopft bis zum Hals, aber das kann sie ja nicht sehen.

Tessa zögert. Wahrscheinlich überlegt sie, ob sie sich wirklich von mir rauswerfen lassen soll. Ich meine, ich bin hier bloß die kleine Schwester, oder?

Was mache ich, wenn sie sich weigert?

Keine Ahnung!

Aber Tessa huscht tatsächlich die Treppe runter.

Ich warte, und einen Moment später höre ich die Haustür zuschlagen.

Sie ist gegangen. Ich atme auf.

Endlich kommt auch Leon aus dem Bad. Er riecht nach Bier und torkelt leicht. Denkt der Typ echt, er darf mit jedem Mädchen knutschen, bloß weil er gut Volleyball spielen kann und etwas größer ist als andere? Johanna ist jedenfalls zu schade für ihn! VIEL zu schade!

Wortlos schlüpfe ich an ihm vorbei ins Bad. Nachdem ich auf dem Klo war, spüle ich mir den Mund mit Zahnpasta. Selbst für eine Katzenwäsche wenig. Egal, das muss heute reichen.

Als ich wieder unter die Bettdecke schlüpfen will, höre ich die Gartenpforte quietschen. Ein letztes Mal laufe ich zum Fenster. Ah, Leon haut auch ab. Gut so!

Die Musik unten wird langsam leiser, auch das Stimmengewirr ebbt ab. Klingt so, als würde sich die Party bald auflösen. Wahrscheinlich ist nur noch ein harter Kern übrig.

Ob Johanna sehr enttäuscht ist, dass Leon gegangen ist? Oder hat sie längst gemerkt, dass er anders empfindet als sie selbst? Dass ihm ihr Kuss nichts bedeutet hat?

Ach, ist das kompliziert mit der Liebe!

in dem Rosa sich erschrickt und die Nacht immer noch nicht zu Ende ist

Ich habe das Gefühl, gerade erst eingeschlafen zu sein, als ich eine eiskalte Hand auf meinem Arm spüre. Ich kriege fast einen Herzinfarkt! Habe nicht mal gehört, dass die Tür aufgegangen ist.

»Rosa! ROSA, schläfst du?«

Nein, ich habe nur zum Spaß die Augen zu!

Himmel, es ist mitten in der Nacht! Ich bin im TIEFSCHLAF! Also, ich WAR im Tiefschlaf! Jetzt bin ich es nicht mehr. Jetzt bin ich sauer.

Gerade habe ich geträumt, dass ich Tessa durch eine Art Hexenwald jage. Ihr blondes

Haar leuchtete durch die Bäume, und sie kicher-
te die ganze Zeit total albern. Dazu rief sie immer: ›Fang mich doch! Fang mich doch!‹ Ununterbrochen! Es hätte mich wirklich interessiert,
was passiert wäre, wenn ich sie erwischt hätte.
Aber das erfahre ich wohl nicht mehr. Denn
jetzt sitzt Matti an meinem Bett. Sein Gesicht ist
fast so bleich wie der Mond, der durchs Fenster
scheint (nur nicht so rund), und er zittert am
ganzen Körper. Dabei ist es ziemlich warm in
meinem Zimmer. (Natürlich lasse ich nachts
NICHT das Fenster auf, wenn Mama und Papa
nicht zu Hause sind.)

Mattis Anblick macht mir richtig Angst. Er
sieht so anders aus. Ich reibe meine Augen, versuche richtig wach zu werden.

»Was ist denn los? Nun sag schon!«

Als Matti zögert, schießen mir sofort tausend
Horrorszenarien gleichzeitig durch den Kopf.

»Ist was mit Johanna? Oder mit Mama und
Papa?« Ich merke, dass meine Stimme klein und
piepsig klingt. »S-s-sie hatten doch keinen Un-
fall, oder so was?«

Niemals, NIEMALS darf Mama und Papa etwas passieren! Auch nicht Johanna und Matti!

Niemandem, den ich lieb habe!

»Nein, keine Sorge!«, versichert Matti schnell.

»Alles in Ordnung! Also, ich meine, es ist nichts Schlimmes passiert oder so. Mama und Papa haben vorhin noch ein paar Fotos geschickt. Und Johanna schläft, das nehme ich jedenfalls an.«

Ich atme auf.

Aber jetzt weiß ich immer noch nicht, warum Matti mitten in der Nacht auf meiner Bettkante sitzt und aussieht wie ausgespuckt.

»Also, was ist los?«

Er knetet seine Hände. »Ach, ich wollte irgendwie noch nicht ins Bett ...«

WAS?! Und deswegen weckt er mich? Es ist mitten in der Nacht! Da schneit man normalerweise nicht bei der kleinen Schwester rein, um ein bisschen zu quasseln! Irgendwas stimmt hier nicht. Ich setze mich auf.

»Warst du etwa bis eben bei Philipp?«

»Mhm.« Matti nickt müde. »Eigentlich wollte ich ja auch bei ihm pennen. Aber dann kamen Jamal und Bennet.«

Ich unterdrücke ein Gähnen. Matti macht es ja echt spannend. »Und dann?«

Er versucht ein Grinsen, aber es klappt nicht so richtig. »Na ja, also ehrlich gesagt hatten wir eine Horrorfilmnacht geplant. Jamal und Philipp haben das letztens wohl schon mal durchgezogen. Sie meinten, es sei total witzig! Weil man ja wüsste, dass da immer nur Kunstblut spritzt und so.«

Matti macht eine Pause, aber so langsam ahne ich, was los ist. »Na, das stelle ich mir aber trotzdem total gruselig vor«, sage ich.

Matti seufzt. »War es auch! Ich habe mich schon beim ersten Film kaum getraut hinzugucken, mir reichte der Vorspann und der Sound! Bei den besonders üblen Szenen bin ich dann immer schnell aufs Klo gegangen. Aber das ist natürlich irgendwann aufgefallen …«

»Und dann?«

»Dann haben Jamal und Bennet angefangen, dämliche Bemerkungen zu machen, von wegen ›Weichei‹ und so.« Er senkt den Blick. »Also habe ich versucht, am Bildschirm vorbei zu gucken. Das fällt nicht so auf, aber es bringt auch nicht viel, weißt du? Die Schreie, die Musik und diesen ganzen anderen Horror kriegt man natürlich trotzdem voll mit.«

Ich habe ja noch nie verstanden, wieso Leute sich gerne gruseln. Ich bin nicht mal ein großer Fan von Halloween. Aber da kommt man wenigstens mit zehn Kilo Süßigkeiten nach Hause. Die werden von Mama allerdings immer sofort eingesackt und nur rationiert ausgegeben.

»Konntet ihr denn nicht irgendwas anderes gucken?«, frage ich.

»HALLO?!« Matti tippt sich an die Stirn. »Wir waren zu einer ›HORRORFILMSESSION‹ verabredet. Da kann man nicht einfach sagen, dass man jetzt lieber ›Pu der Bär‹ sehen will.«

Ich kichere. »Wär aber lustig gewesen, oder?«

Matti nickt. »Ja, aber so läuft das nun mal nicht. Jedenfalls nicht … unter Jungs.«

Seine Stimme ist leiser geworden.

»Aber Philipp und du, ihr seid doch Freunde!«

»Philipp gegenüber hätte ich vielleicht auch zugegeben, dass das nicht mein Ding ist. Aber vor allen dreien … nee, voll peinlich!«

»Und was hast du gemacht?«

Er grinst. »Irgendwann was von Bauchschmerzen gefaselt und abgehauen.«

»Verstehe.«

Aber das stimmt nicht. Müsste man zu Freunden nicht ehrlich sein können? Wobei … ich selber traue mich ja nicht mal, Amelie zu sagen, dass ich wegen ihrer pinkelnden Hamster nicht bei ihr übernachten mag. Das ist auch nicht besser.

»Du kannst dir nicht vorstellen, wie froh ich war, als ich heil hier ankam«, gibt Matti zu. »Unterwegs habe ich hinter jedem Busch einen dunklen Schatten gesehen.« Er schüttelt den Kopf.»Voll der Horror!«

Armer großer Bruder!

Ich nehme Mattis Hand. Sie ist immer noch kalt. Er zieht sie nicht weg.

»Und deswegen wolltest du jetzt noch ein bisschen reden? Um dich abzulenken?«

Matti nickt. »Ich habe Angst, dass ich nicht schlafen kann. Wahrscheinlich total bescheuert! Aber ich habe noch all diese Bilder im Kopf, weißt du!« Er reibt sich die Schläfen. »Die muss ich erst mal wieder aus dem Hirn kriegen.«

Armer Matti! Ich überlege, und dann habe ich tatsächlich eine Idee. Keine Ahnung, ob es funktioniert …

»Hol mal den Laptop vom Tisch!«, sage ich und rutsche gleichzeitig ein Stück zur Seite. »Und dann schwing deine Eisbeine mit unter meine Decke!«

Matti macht tatsächlich, was ich sage.

»Was hast du denn vor?«

»Ganz einfach«, ich klappe Johannas Laptop auf und öffne die Suchmaschine. »Wir starten jetzt ein Gegenprogramm zu den Gruselfilmen. Wir gucken ›Die Sendung mit der Maus‹! Oder möchtest du lieber ›Pu der Bär‹ sehen?«

»Du kommst ja auf Ideen …!« Matti schüttelt den Kopf, aber er grinst. »Lass uns ruhig mal die ›Maus‹ gucken! Wie früher!« Er angelt nach einem Kissen und schiebt es sich in den Rücken. »Wow, das ist so was von retro! Krass! Eigentlich müssten wir noch Johanna wecken.«

Matti ist ja echt Feuer und Flamme!

Wir kuscheln uns aneinander und tröten die Anfangsmelodie laut mit. Dann gucken wir den ersten Cartoon mit der Maus und dem Elefanten, danach lassen wir uns erklären, wie ein Klärwerk funktioniert, und anschließend, warum Hirsche ein Geweih haben.

Plötzlich merke ich, dass Mattis Kopf auf Mottes Bauch gesunken ist! Schläft er? Ich schnuppere an seinem Haar. Er riecht anders als früher, anders und doch vertraut. Moment mal, sind das, was da vereinzelt an seinem Kinn sprießt, etwa Barthaare??! Ich schaue genauer hin. Tatsächlich!

Mattis Augenlider flattern.

»Rosa?«

»Mhm?«

Er grunzt leise. »Du bist die Beste, echt!«

»Du auch, großer Bruder! Hab dich lieb!« Ich beuge mich vor und drücke ihm schnell einen Kuss auf die Wange.

Aber da schläft er schon tief und fest.

in dem es zwei Geständnisse
und frische Brötchen gibt

Als ich wach werde, muss ich mich erst mal zurechtfinden. Wo bin ich? Wurde ich etwa heute Nacht in eine Räuberhöhle verschleppt? Blinzelnd sehe ich mich um. Eher in eine Altkleider-Sammelstelle!

Ich lasse mich zurück ins Kissen fallen und atme auf. Klar, ich liege in Mattis Bett! Dahin bin ich nämlich umgezogen, weil es mir in meinem zu eng wurde (Matti liegt immer diagonal im Bett, egal in welchem).

Ob er schon wach ist? Eher nicht. Aus Johannas Zimmer ist auch noch kein Laut zu hören.

Keine Ahnung, warum ich so früh aufgewacht bin.

Ich horche in mich hinein.

Doch, klar, ich habe HUNGER! Und wie!

Nach dem Brötchen mit Schokocreme, das ich gestern Nachmittag verdrückt habe, habe ich nichts Vernünftiges mehr zwischen die Beißerchen bekommen (wobei man ein Schokobrötchen nicht wirklich als etwas ›Vernünftiges‹ bezeichnen kann, schon klar). Also außer ein paar Käsespießchen, einem Schokokuss, einem Kilo Popcorn und jeder Menge Chips.

Himmel, das darf ich mir gar nicht VORSTELLEN! Kein Vitamin weit und breit! Wenn das Mama wüsste.

Ich gucke jetzt mal nach, ob ich unten noch irgendwas Essbares finde.

Oje, hier sieht's ja aus! Überall stehen oder liegen leere Gläser und Flaschen. Über die Couch scheint eine Art Chipskrümel-Inferno hinweggefegt zu sein, und der Boden klebt, als hätte jemand eine Flasche Cola darauf ausgekippt. Oder auch zwei. Puh! Ich würde mal sagen, hier hat Johanna einiges zu tun, bevor Mama und Papa zurückkommen.

Apropos Johanna: Wie es ihr wohl geht? Und dem armen Matti?

Eins ist klar: Nach dieser Nacht brauchen wir drei erst mal ein gutes Frühstück! Oma behauptet immer, das Frühstück sei die wichtigste Mahlzeit des Tages. Ich finde ja alle Mahlzeiten wichtig, vor allem die, bei denen es Kuchen gibt.

Aber jetzt brauchen wir frische Brötchen. Also, auf zum Bäcker! Aber vorher sollte ich mich vielleicht anziehen.

Auf Zehenspitzen schleiche ich in mein Zimmer und schlüpfe rasch in die Sachen von gestern. Ich werfe einen Blick in mein Bett.

Matti schläft tief und fest, sein Mund ist leicht geöffnet. Gerade sieht er keinen Tag älter aus als sechs. Aber das sollte ich ihm nachher lieber nicht sagen.

Moment, ich brauche ja Geld! UNSER Geld hat Johanna ja vermutlich gestern ausgegeben, und meine eigene Geldbörse ist auch leer! Okay, dann muss jetzt mein armes Sparschwein dran glauben, hilft nichts!

Ups, der Verschluss lässt sich ja ganz leicht öffnen! Papa hat immer so getan, als müsste dafür das ganze Sparschwein kaputt gemacht werden.

Voll geschwindelt! Er wollte nur, dass ich spare. Ganz schön frech von ihm!

Ich angele einen Zehneuroschein aus dem

Schweinebauch und schnappe mir Jacke und Hausschlüssel.

Soll ich Matti und Johanna einen Zettel schreiben? Ach was, ich bin ja gleich wieder da!

Beschwingt mache ich mich auf den Weg.

Aber, oje, der Bäcker um die Ecke hat geschlossen. Klar, heute ist ja SONNTAG!

Bis zur nächsten Bäckerei ist es ganz schön weit. Aber ich habe sooo Lust auf ein leckeres Frühstück … und Matti und Johanna freuen sich bestimmt auch über frische Brötchen. Also los!

Zugegeben, ich habe die Strecke bis zum Sonntagsbäcker ein bisschen unterschätzt. Tatsächlich brauche ich fast eine halbe Stunde, und die Schlange ist megalang.

Auf dem Rückweg knurrt mein Magen so

laut, dass ich schon mal ein halbes Croissant verdrücke.

Puh, ich bin total alle! Für diese Aktion habe ich bei Matti und Johanna echt was gut! Meine Geschwister können mir ganz schön DANK-BAR sein. Aber dafür muss ich die beiden jetzt erst mal wecken.

Schwungvoll öffne ich das Gartentor. Während ich noch nach dem Hausschlüssel krame, wird die Tür bereits von innen aufgerissen.

»Wo kommst DU denn jetzt her?«

Ups, Johanna ist ja wach! Und sie funkelt mich wütend an.

Verdattert halte ich ihr die Brötchentüte entgegen.

»Ach, verdammt! ROSA!« Johanna schnieft, dann zieht sie mich plötzlich in ihre Arme. Himmel, sie zittert ja richtig!

»Hast du eigentlich eine Ahnung, was du uns für einen Schreck eingejagt hast? Ich bin eben fast GESTORBEN vor Angst!«

Irgendwie kapiere ich gerade gar nichts mehr.

»I-i-ich hab doch nur Brötchen geholt!«, stottere ich.

»Und warum hast du uns keinen Zettel hingelegt?« Johanna schiebt mich von sich und schaut mich vorwurfsvoll an. »Ich bin wach geworden, gucke in dein Zimmer, aber da pennt Matti! Keine Spur von dir! Im ganzen Haus nicht! Auch keine Nachricht, stattdessen ein aufgebrochenes Sparschwein!«

»Johanna hat gedacht, du bist abgehauen«, mischt sich Matti ein. »Die hat voll Panik geschoben!«

Ich hatte gar nicht gemerkt, dass mein Bruder auch schon aus dem Koma erwacht ist.

»Abgehauen?«, echoe ich. »Wohin sollte ich denn ABHAUEN? Und warum?«

»Ach, keine Ahnung!« Johanna zuckt die Achseln. »Vielleicht weil du mal wieder der Meinung warst, wir seien gemein zu dir gewesen. Na, irgendsowas eben.« Sie schüttelt den Kopf. »Ich war jedenfalls kurz davor, deine Freundinnen abzutelefonieren. Mensch, wenn dir irgendwas passiert wäre, Rosa! Mama und Papa hätten uns UMGEBRACHT! Boah, was für ein Stress!«

Manchmal ist Johanna wirklich eine Dramaqueen.

»Du meinst, weil Mama euch dafür, dass ihr auf mich aufpasst, den Kinogutschein gegeben hat?«

»Ganz genau!« Sie knufft mich in die Seite. »Nein, du dumme Nuss, natürlich auch so!«

Matti schnappt sich die Brötchentüte. »Also,

ihr beide könnt ja noch ein bisschen diskutie-
ren. Aber wenn ich nicht gleich was zu essen
kriege, falle ich um!«

Immerhin scheinen ihm die Horrorfilme
nicht den Appetit verdorben zu haben.

»Und was ist mit Aufräumen?«, frage ich.

Johanna ist schon auf dem Weg zum Kühlschrank.

»Später!«

Matti hebt den Daumen.

Da sind wir uns ja mal ausnahmsweise einig.

Tatsächlich wird es ein sehr gemütliches Frühstück. Johanna fegt die Krümel vom Tisch (direkt auf den Boden, denn darauf kommt es jetzt
auch nicht mehr an), während Matti und ich

Aufschnitt, Marmelade und Schokocreme aus dem Schrank holen.

Ich mustere Johanna unauffällig. Ist sie traurig? Oder sogar verweint? Ich kann es nicht sagen. Eigentlich sieht sie nur müde aus! Klar, geschlafen haben wir alle nicht viel letzte Nacht.

Mir brennen tausend Fragen unter den Nägeln. Aber ich traue mich nicht, eine einzige zu stellen.

Matti, der ja von dem Leon-Drama nichts weiß, legt natürlich direkt los: »Und wie ist die Party gelaufen?«

Johanna nimmt einen Schluck Orangensaft. »War okay…«, sagt sie gedehnt.

»Wie? Nur OKAY??!« Matti deutet auf das Chaos um uns herum. »Das hier sieht doch nach mega Stimmung aus.«

Offensichtlich bemisst er den Erfolg einer Party nach dem Verwüstungsgrad.

»Es waren jedenfalls ziemlich viele Leute hier, oder?«, erkundigt er sich.

Johanna zuckt die Achseln. »Mehr, als ich wollte! Ein paar haben noch Leute mitgebracht. Zwischendurch habe ich fast den Überblick verloren. Das hat sich nicht so toll angefühlt.«

Matti nickt, als wäre er der Partyexperte schlechthin. »War denn jemand richtig breit?«

»Nee, zum Glück nicht.« Johanna spielt mit ihrem Brötchen. »Aber chaotisch war's trotzdem. Ich muss hier gleich ganz schön wirbeln …«

Ich folge ihrem Blick. »Ach, sooo schlimm sieht es doch gar nicht aus!«

Okay, das ist jetzt voll gelogen! Aber ich wollte etwas Nettes sagen.

»Na ja, das Schlimmste haben wir gestern Abend noch aufgeräumt«, erklärt Johanna.

Mir entgleiten fast die Gesichtszüge. WIE? Hier sah es NOCH schlimmer aus?!

»Wer ist denn ›wir‹?«, erkundige ich mich dann so beiläufig wie möglich. »Ist Shari länger geblieben? Oder … äh … Tessa?«

Ja, ich weiß: Das ist jetzt keine perfekte Taktik! Aber ich muss einfach wissen, was Johanna gestern von Leon und Tessa mitgekriegt hat. Direkt fragen kann ich Johanna ja schlecht. Jedenfalls nicht, ohne ihr danach zu erzählen, dass ich die beiden oben beim Knutschen erwischt habe. Und das will ich nicht. Ich habe ANGST davor, Johanna wehtun zu müssen! Aber ich kann doch auch nicht zulassen, dass sie Tessa weiterhin vertraut, oder? Und diesem Blödmann Leon schon gar nicht.

Ich habe keine Ahnung, was ich machen soll!

»Tessa?« Johanna zieht verächtlich die Augenbrauen hoch. »Nee, die war gestern Abend ganz plötzlich verschwunden.«

Klingt wie ›War auch gut so‹.

Das fällt anscheinend auch Matti auf. »Wieso? Hat sie genervt? Tessa ist doch die vom Volleyball, oder?«

Manchmal kriegt Matti doch mehr mit, als man denkt.

Johanna zögert und nimmt sich noch ein Brötchen. Dabei hat sie ihr erstes noch gar nicht aufgegessen. »Na ja, sie hat Leon ziemlich angebaggert.«

»Und wer ist Leon?«

Okay, alles kriegt Matti eben doch nicht mit.

Johanna spielt mit ihren Haaren. »Jemand, den ich ziemlich gut finde.« Sie zögert wieder, meidet meinen Blick. »Also, den ich ziemlich gut FAND.«

Ich wage kaum zu atmen. »Und … das hat sich gestern geändert?«

Ich werfe Matti einen warnenden Blick zu. Er soll jetzt bloß die Klappe halten.

Johanna zögert, aber dann nickt sie. »Zum Anbaggern gehören ja manchmal zwei. Einer, der baggert«, sie holt tief Luft, »und einer, der sich anbaggern lässt.«

»Und Leon hat …«, setze ich an.

»Wechseln wir das Thema, okay?«

Johanna schluckt. Sind das Tränen in ihren Augen?

Sieht so aus. Oje!

Ich starre betreten auf meinen Teller. Was mache ich denn jetzt? Ich würde Johanna so gerne trösten. Aber wenn ich sie jetzt in den Arm nehme oder so was, muss sie bestimmt erst recht weinen. Das kenne ich von mir selber (du bestimmt auch, oder?).

Ach Mist, warum ist Mama nicht hier? Oder Shari.

Auf jeden Fall ist jetzt klar, dass ich Johanna nicht mehr von Tessa und Leon erzählen muss. Sie ahnt die Wahrheit sowieso.

Matti und ich wechseln einen schnellen Blick.

Aber auch er kommt nicht auf die Idee, weiterzubohren. Matti vermeidet Gefühlsausbrüche nach Möglichkeit. Sogar die von anderen.

Er lehnt sich zurück. »Bei mir war's auch nicht so toll gestern«, gesteht er.

»Du meinst, bei Philipp?«, fragt Johanna und räuspert sich. Sie ist offensichtlich froh, von sich ablenken zu können. »Wolltest du nicht eigentlich bei ihm schlafen?«

Matti nickt und dann wiederholt er, was er mir schon letzte Nacht erzählt hat. Von den Horrorfilmen, von seinen erfolglosen Versuchen, den gruseligen Bildern auszuweichen und von meinem Gegenprogramm.

Johanna schüttelt den Kopf. »Oh Mann! Ihr Jungs immer mit euren Mutproben ... Das ist so was von bescheuert!« Sie grinst. »Aber das Gegenprogramm gefällt mir! Die ›Maus‹ würde ich auch gern mal wieder gucken! Muss ja nicht mitten in der Nacht sein.«

»Echt?« Überrascht schaue ich sie an. »Dann könnten wir doch gleich ...«

»Vielleicht später!« Johanna steht auf. »Jetzt muss ich hier schleunigst loslegen. Sonst trifft Mama und Papa noch der Schlag, wenn sie kommen.«

Ich fange an, die Frühstücksteller zusammenzustellen. »Wir können dir doch helfen. Dann geht es schneller! ODER, MATTI?«

»Na ja, also…« Matti kratzt sich am Ohr. »Eigentlich wollte ich jetzt …«

Himmel, anscheinend hat er immer noch nicht kapiert, dass es hier nicht nur ums Aufräumen geht.

»Ihr müsst mir nicht helfen, echt nicht!« Johanna ist schon dabei, die Spülmaschine auszuräumen.

Kommt gar nicht in die Tüte, sie jetzt alleinzulassen! Ich versetze Matti einen ordentlichen Knuff. Hallo! Aufwachen!

»Klar, wir sind dabei!« Matti zwinkert mir zu, dann nickt er heldenhaft. »Betrachte es als die gute Tat der Woche!« Er schiebt die Ärmel seines Hoodies hoch. »Womit soll ich anfangen?«

in dem fast wieder alles ist wie immer.
Aber eben nur fast

Über eine Stunde wirbeln wir mit Staubsauger, Wischmopp und Mülltüten durchs Haus. Dann ist es geschafft: Die Gläser sind gespült, die Popcornspuren beseitigt, die Stehrümchen stehen wieder rum, die Fotos hängen an den Wänden und der Boden fühlt sich nicht mehr an wie ein Fliegenfänger.

Johanna räumt das Geschirr in den Schrank, während ich Matti helfe, die leeren Flaschen zum Container zu schleppen.

»Hoffentlich kriegen die Nachbarn nicht

mit, welche Art von Altglas wir hier entsorgen«, unkt Matti. »Sonst steht morgen das Jugendamt vor der Tür.«

Als wir zurückkommen, hat Johanna die Putzutensilien schon im Schrank verstaut. »Danke für euren Einsatz! Allein hätte ich eine Ewigkeit dafür gebraucht!«

»Schon gut!«, sage ich, und Matti nickt großzügig.

»Wann wollten Mama und Papa eigentlich zurück sein?«, erkundige ich mich.

Johanna zückt ihr Smartphone. »Sie haben eben geschrieben, dass sie jetzt losfahren.« Sie überlegt. »Also sind sie in etwa eineinhalb Stunden zu Hause.«

»Und was machen wir bis dahin?« Ich sehe meine Geschwister erwartungsvoll an.

Matti gähnt. »Ich glaube, ich hau mich noch mal hin!«

Johanna nickt und öffnet ihre Haare, die sie beim Putzen im Nacken zusammengezwirbelt hatte. »Ehrlich gesagt, ich bin auch todmüde …«

»Okay, klar.« Ich versuche, mir meine Enttäuschung nicht anmerken zu lassen.

Dann rufe ich jetzt eben Bini an und frage, ob's ihr schon besser geht. Oder ich lese oder …

»Ach Quatsch!«, sagt Johanna plötzlich und knufft Matti auffordernd in die Seite. »Schlafen können wir auch später noch, oder? Lasst uns eine Runde spielen! Rosa darf aussuchen, was!«

»Echt jetzt?« Überrascht sehe ich meine Geschwister an. »Hättet ihr denn dazu auch Lust? Oder macht ihr das jetzt nur, weil …«

Ich will nicht, dass sie mir nur einen Gefallen tun. Das fühlt sich blöd an. Ich bin schließlich kein Baby.

»Mensch, Rosa, jetzt laber nicht lange!«, unterbricht mich Matti. »Sag, was du spielen willst! Einmalige Chance!«

Da muss ich nicht lange überlegen: »Schummeln! Das haben wir eine Ewigkeit nicht gespielt!«

»Okay, du bist der Boss!« Matti ist schon dabei, die Spielkarten aus der großen Schublade im Wohnzimmerschrank zu fischen.

Falls du ›Schummeln‹ nicht kennst: Da werden alle Karten verteilt. Dann legt einer nach dem anderen eine Karte verdeckt in die Mitte und behauptet, dies sei eine Zwei, Drei, Vier usw. Natürlich hat bald kein Spieler mehr die Karte auf der Hand, die er gerade braucht, und MUSS schummeln. Wer beim Mogeln erwischt wird, muss den ganzen Kartenstapel nehmen.

Erweist sich der Verdacht als falsch, bekommt der ›Ankläger‹ den Stapel, und alles geht wieder von vorne los. Ich LIEBE das Spiel! Und ob du's glaubst oder nicht: Ich kann richtig gut schummeln!

Matti ist der schlechteste Schummler von uns dreien. Ich finde, man sieht es ihm an der Nasenspitze an, wenn er eine falsche Karte auf den Stapel legt. Johanna tut zwar immer megalässig, aber das nützt ihr auch nicht viel. Sie hat eine einzige allerletzte Karte auf der Hand und den Triumph schon im Blick, als ich sie doch noch beim Schummeln erwische.

»Jetzt musst du den ganzen Stapel nehmen!«

»Das ist so gemein!« Johanna verdreht die Augen, aber sie lacht. Dann geht es wieder von vorne los.

Wir kichern, versuchen uns gegenseitig in die Karten zu gucken und jammern lautstark, wenn wir beim Mogeln erwischt werden und einen besonders dicken Kartenstapel kassieren.

Wir spielen immer weiter. Runde um Runde. Es ist ein bisschen, als würde die Zeit stillstehen und als würden wir unter einer unsichtbaren Käseglocke sitzen. Irgendetwas ist anders zwischen uns geworden.

Keiner von uns kriegt mit, wie sich die Haustür öffnet.

Mama und Papa bleiben im Eingang stehen und sehen uns verblüfft an. »Was ist denn hier los?«

Bitte? Das hört sich ja fast so an, als hätten sie uns bei etwas Verbotenem erwischt!

Als hätten wir in ihrer Abwesenheit die Wände bunt angemalt, zehn herrenlose Katzen adoptiert oder das Haus in eine chinesische Garküche verwandelt.

Aber wahrscheinlich hätte all das Mama und Papa weniger verwundert, als uns drei friedlich beim Kartenspielen zu überraschen.

In einem blitzblank geputzten Wohnzimmer!

Das muss ihnen ja höchst verdächtig erscheinen.

»Papa! Mama! Ihr seid ja schon wieder da!«

Ich springe auf und werfe mich in Mamas offene Arme.

Sie drückt mich an sich. »Ja, wir sind richtig gut durchgekommen. Keinerlei Stau! Hallo, ihr drei Mäuse!« Ich spüre, wie sie Matti und Johanna über meine Schulter hinweg prüfend mustert. »Alles in Ordnung hier?«

Mama wirkt immer noch verunsichert. Wahrscheinlich denkt sie, dass wir gleich mit irgendeiner schlechten Nachricht um die Ecke kommen, Wasserrohrbruch oder Hausbrand (okay, zu Letzterem hat nicht viel gefehlt), dass diese Idylle hier jedenfalls nur Tarnung ist.

»Alles prima!«, versichert Johanna. »Und bei euch?«

Mama und Papa wechseln einen Blick.

Ob es sich für sie auch so anfühlt, als seien sie viel länger weg gewesen als dreißig Stunden?

Papa stellt die Reisetaschen ab. »Na ja, wir haben tatsächlich eine Menge entfernter Cousins, Cousinen, Großonkel und Großtanten kennengelernt. Christa war in ihrem Element.« Er lacht. »Bei Bedarf können wir euch sämtliche Lebensgeschichten erzählen ...«

»Oh Mann! Bloß nicht!« Matti hebt abwehrend die Hand.

»Euer Vater übertreibt«, sagt Mama, »eigentlich war es wirklich ganz nett! Wir haben sogar eine gewisse Familienähnlichkeit festgestellt. Das werdet ihr nachher auf den Fotos sehen. Und Christa hat gesagt, nächstes Mal müsst ihr drei unbedingt dabei sein!«

»Nächstes Mal?«, echot Johanna entsetzt.

Papa lacht. »Oh ja, diese Treffen sollen jetzt regelmäßig einmal im Jahr stattfinden.«

Matti rollt die Augen. »Ich glaube, da habe ich leider immer gerade gar keine Zeit.«

»Apropos Zeit«, sagt Johanna. »Gibt's heute noch was Warmes zu essen? Und wenn ja, wann? Ich wollte nämlich gleich noch zu Shari!«

»Und ich zu Philipp!« Matti hat unsere Spielkarten bereits zu einem großen Haufen zusammengeschoben. Jetzt steht er auf und blickt unsere Eltern fragend an. »Kann mir nachher noch irgendwer bei Englisch helfen? Ich muss bis morgen …«

»Halt! Halt! Jetzt wartet mal! Wir sind doch gerade erst angekommen!« Mama schüttelt den Kopf. »Ich dachte, wir sitzen noch ein bisschen zusammen und erzählen.«

Papa hebt die Papiertüte in seiner Hand. »Wir haben Kuchen mitgebracht. Das Hotel, in dem wir waren, ist bekannt für seine Top-Konditorei, da haben wir natürlich zugeschlagen. Oder habt ihr etwa keinen Appetit?«

Na klar doch, was für eine Frage!

Während Papa die Reisetaschen nach oben bringt, decken wir den Tisch.

Mama stellt die Kaffeemaschine an. »Was wollt ihr trinken? Rhabarberschorle?«

»Äh …« Johanna wird rot. »Die ist leider schon alle!«

Mama sieht erstaunt auf. »Wie? Alle sechs Flaschen?«

Johanna blickt verlegen zur Seite. »Na ja, gestern Abend waren ein paar Leute hier und da …«

»Verstehe!« Mama lächelt leise. »Kein Problem, wir haben uns schon gedacht, dass ihr hier nicht allein bleibt, wenn wir schon mal nicht da sind. Okay, dann gibt's für euch einfach Wasser, ja?«

Ich spüre, wie Johanna innerlich aufatmet. Alles ist in Ordnung. Sie musste Mama wegen der Party nicht anlügen. Na bitte! Ich sag ja immer, dass unsere Eltern super sind. Aber auf mich hört ja keiner.

Mama hat die Tortenstücke auf einer großen Platte arrangiert. Nuss-Sahne, Schoko, Marzipan, Himbeer- und Aprikosencreme. Mhmm, sieht das lecker aus!

Papa schenkt Wasser ein und verteilt die Kuchengabeln.

»Also, wer möchte was?«, fragt Mama und schwenkt auffordernd den Tortenschieber. »Ach was! Heute darf Rosa mal als Erste aussuchen. Als Trost, weil doch gestern ihre schöne Übernachtungsparty ausgefallen ist.«

Johanna grinst. »Unsere Kleine darf mal wieder als Erste. War ja klar!«

»So was von«, ergänzt Matti.

Die beiden wechseln einen vielsagenden Blick.

»Ph!«

Ich halte Mama meinen Teller hin, während ich meinen großen Geschwistern die Zunge rausstrecke.

Wir grinsen uns an.

Johanna, Matti, Rosa.

Ich bin hier die kleine Schwester.
Und das ist gut so.

Inhalt

Buch aufschlagen und Nordseeluft schnuppern!

Farbig illustriert von Jens Rassmus
272 Seiten. Gebunden. Ab 8 Jahren

Opa Peter soll ins Altersheim? Bloß, weil er 23 Gläser Senf im Vorratsschrank hat und sein Handy im Kühlschrank aufbewahrt? Mama ist wohl selbst nicht mehr ganz richtig im Kopf! Jonte alarmiert ihren besten Freund Schippo und holt auch die Geschwister Henrik und Ditte mit ins Boot. Gemeinsam starten sie eine ausgefeilte Opa-Peter-Rettungsaktion mit Demenz-Checkliste. Trotzdem bleibt Mama stur. Jetzt kann nur noch eines helfen: Reißaus mit Opa. Jonte weiß auch schon, wohin ... Voller Tempo und Einfallsreichtum erzählt Silke Schlichtmann von den Gefühlen und Wünschen dreier Generationen und begegnet jedem Mitglied dieser liebenswerten Familie auf Augenhöhe.

hanser-literaturverlage.de

HANSER

Band 1:

Gut gelaunt & abenteuerlustig

Fieslinge aufgepasst –
hier kommt Wilma!

Omas Geschichte
oder
Wenn man sich
im eigenen Leben verirrt